家|庭|学|丛|书|

丛书主编 孙晓梅 李明舜

巧伴孩子健康成长

——学龄前家庭教育实务

罗亚萍 陈诗宗 著

WUHAN UNIVERSITY PRESS

武汉大学出版社

图书在版编目(CIP)数据

巧伴孩子健康成长：学龄前家庭教育实务 / 罗亚萍,陈诗宗著.
武汉：武汉大学出版社,2025.6. -- 家庭学丛书 / 孙晓梅,李明舜
主编. -- ISBN 978-7-307-25050-5

Ⅰ. G781

中国国家版本馆 CIP 数据核字第 2025FY6305 号

责任编辑:田红恩　　　责任校对:汪欣怡　　　版式设计:马　佳

出版发行：**武汉大学出版社**　　（430072　武昌　珞珈山）

（电子邮箱：cbs22@ whu.edu.cn　网址：www.wdp.com.cn）

印刷:武汉图物印刷有限公司

开本:720×1000　1/16　印张:11.25　字数:194 千字　插页:1

版次:2025 年 6 月第 1 版　　2025 年 6 月第 1 次印刷

ISBN 978-7-307-25050-5　　定价:49.00 元

序

　　家庭学科是研究以家庭为中心的生活方式及其表现形式的交叉学科,融合了家庭育儿、衣食住行、家庭关系和生活技术在内的综合知识,目的是提高国民的家庭生活质量,为家庭全体成员提供科学的生活指引。

　　家庭学科的教学已有四百多年的历史了。近代家政学起源于美国,在美国城市化、工业化以及大量移民涌入的背景下,受过高等教育的专家开始将目光转向家庭生活领域。二战后日本在大学设立家政学或生活科学系,规定从小学到大学的男女生都必须学习家庭学科。开设家庭管理、房屋布置、家庭关系、婚姻教育、家庭卫生、婴儿教育、食物营养、园艺、家庭工艺、饲养等课程。1923 年中国燕京大学就设立了家政系,强调家事教育是高等教育的一部分。1940 年金陵女子大学设立了家政教育专业,注重培养学生的家庭管理与家庭经济,食物营养与卫生。目前我国有关家庭学科研究的成果主要是家庭教育和家庭服务。

　　家庭学科是典型的交叉学科,围绕着提高家庭生活质量这一目的,将多种学科知识聚焦于家庭这个领域,跨学科的视角有助于带动新知识的发现和推广应用。从多个相关学科汲取知识,如教育学、心理学、社会学、营养学、经济学、医学、金融学、工学、艺术、文学等,分析夫妻的生活与健康、老年人的身心发展特点、儿童的保育方法与安全事项、家庭的权利与福利保护;探讨当前家庭面临的问题,如推迟结婚、生育率下降、离婚率提高、儿童受虐待、独生子女、留守儿童、妇幼保健、失独家庭和家庭暴力等,形成以家庭为中心的多学科交叉知识体系。这种知识建构方式带来的是原有知识融合和新知识生成,而非简单的知识罗列,这也是家庭学科存在的独特价值。建设我国的家庭学科,提高家庭学科的社会认知程度。

　　我国家庭学科教育起步相对较晚,出版《家庭学丛书》可建立一个比较完整的家庭学科体系,弥补我国在家庭生活理念、思维方式与科学知识传递的缺位状态。为了中国家庭学科的建设与发展,2013 年中华女子学院成立了"中国高校

引　言

孩子是祖国的花朵，让孩子健康成长，是我们每一位家长的共同心愿。作为父母，在看护或陪伴学龄前孩子时，家长怎么做，或做什么将会直接影响孩子的未来。

我常常被两种信息冲击着，促使自己想写这本书。

一种信息来源于学龄孩子，主要是关于学业的问题。不论是对于校内课业，还是课外特长培训，有的孩子都要家长盯着、催着，才能勉强完成，期间还不停地与家长怄气、顶嘴。在这种拉锯战中，孩子不自由，家长感到心力交瘁甚至崩溃，亲子双方都觉得自己过得不轻松、不快乐，很压抑，甚至会觉得窒息。

另一种信息则是关于学龄前孩子的。主要有关家长们陪伴学龄前孩子的方式。在社区或公园，经常看到家长推着3岁前的宝宝遛弯，用一个播放机循环给孩子播放儿歌、歌曲、故事甚至外语等，而他们则是或看手机、或与他人聊天、或默默无语，总之与宝宝没有任何交流。每当这时，我就特别替他们着急，这是多么难得的开发孩子大脑潜能、提高孩子学习能力的机会啊！如果家长能做点小改变，就可能是培养孩子各种爱好、提高情商的机会。但是有的家长们会一直用错误的方法浪费宝贵的陪伴时间，也浪费着孩子稍纵即逝的"黄金成长机会"（学龄前，特别是3岁前是比黄金还宝贵的成长机会）。其实，家长只要用恰当的方法，做一些非常简单的事情，就可以为孩子快乐、健康地成长打下坚实的基础，至少让孩子上学后的学习不至于那么被动或艰难。

从2016年春季开始，我在"社区家长学校"讲授家庭早期教育系列课程，当年在社区听课并认真陪伴孩子的家长成为受益者：他们的孩子不仅身心健康、快乐阳光、全面发展，而且一入学就成为有爱心、爱读书、有特长、成绩名列前茅的"别人家孩子"。

社区线下听课的人数毕竟有限，为了让更多的家长少走弯路，两年后，我把课程转到了线上，建立了"罗亚萍家长小课堂"群，并开设了"罗亚萍家长小课堂"公众号，在线上继续给家长讲课、答疑。在家长们的推荐下，不到一个月，群里的人数就达到 500 人，家长们有来自全国各地，甚至是国外的。在讲课过程中，我深切体会到家长对早期养育知识的渴求，在答疑过程中也收集、积累了大量的案例。机缘巧合，2021 年 3 月，我又将一小部分课程上线喜马拉雅(见"罗亚萍 0—6 岁育儿课")。

在线上线下的授课中，我发现，碎片式的传播并不能满足家长有针对性地及时找到解决日常育儿问题的方法，也不能让更多家长及时了解到孩子 0—6 岁阶段的重要性以及简单易行的家庭养育方法。

孩子在学龄前，特别是在 3 岁前，家长只要在必须看护或陪伴孩子的时间内，稍微改变陪伴方式，丰富陪伴内容，就会让孩子在快乐的玩耍中发生神奇的变化。如增强亲子关系，为孩子一生心理健康奠定坚实的基础；能更好地与他人相处；轻松培养出爱好或特长，至少让孩子轻松养成爱读书的爱好或特长。

现代社会，让孩子通过读书成才，是家长投入的成本最低、最容易做到的。但是，有的学龄家长并不认同这个观点，其原因就在于他们在孩子学龄前无意中浪费了宝贵的培养爱好的窗口期。其实，在学龄前，家长只要珍惜、用好学龄前必须陪伴的时间，如遛娃、饭后、睡前等短暂的陪伴时间，就可以发挥"点石成金"的作用。如果错过了这段宝贵的成长机会，家长在未来即使花费更多的时间和精力，也很难带来相似的效果，甚至还可能带来相反的效果。

正因为上述种种原因，在中华女子学院孙晓梅老师的鼓励和支持下，我决定把自己学到的、看到的、经历到的、感悟到的、思考到的东西集结成册，让这本早期家教的实用操作方法面世。

本书分为理论篇和实操篇。如果对理论不感兴趣的读者，可以跳过这一篇，直接看实操篇。实操篇通过案例，具体介绍日常陪伴中的实用操作技巧，希望能给家长们带来一些启示和帮助。下面是罗亚萍老师的微信公众号和微信视频号，想咨询罗老师育儿方法的家长，可以关注一下，并私信罗老师进行咨询。

微信公众号二维码

微信视频号二维码

小红书"罗亚萍 0—6 岁
育儿课"二维码

理 论 篇

第一章　早期巧伴，孩子健康成长

标题中的"早期"主要是指0—6岁阶段，"巧伴"是"巧妙陪伴"的简称。

说起陪伴，很多家长就会嘀咕，觉得自己工作很忙，很难有时间去陪伴孩子，更没有时间带孩子去游乐场、去旅游等。这里所说的早期陪伴主要是指在0—6岁期间，特别是0—3岁期间，孩子总要有人时刻看护（陪伴），3—6岁也需要成人看护的时间。在0—6岁期间，这种必须由家长相伴、看护的时间，属于必须陪伴时间，也就是说必须陪伴不需要家长额外增加陪伴时间。我们这里所说的"早期巧伴"，就是指家长在孩子0—6岁必须陪伴时间内的智慧做法。

一、早期陪伴是收益最高的投资

在早期的这些必须陪伴时间内，家长只要巧妙地改变陪伴的方式或内容，就可以激发孩子的情感，与家长建立亲密、牢固的亲子关系，为孩子的心理健康打下坚实基础，同时也让孩子学会与人相处；轻松培养孩子的爱好或特长。特别强调的一点是，不论培养孩子什么爱好或特长，首先都要培养孩子喜欢读书的爱好。只有这样，在现代社会才能为孩子健康、快乐、轻松成长打下坚实的基础。

孩子在0—6岁（学龄前），特别是在3岁前，是培养爱好和开发各种潜能的关键时期。家长只要在必须看护或陪伴的时间内，巧妙融入早教内容，就能让孩子在与家长互动玩耍中发生神奇的变化。如孩子不仅会更有爱心、更有安全感、自信、坚强等，还会轻松爱上甚至痴迷上某些活动，如滑雪、打篮球、踢足球、唱歌、跳舞、乐器、背诗、看书，甚至是写毛笔字等。孩子们的神奇表现，甚至会打破学者和家长的某些认知。又如研究认为3岁前孩子们的精细动作还没有得到充分发展，像写字之类需要精细动作的活动，孩子们不会喜欢。但是事实证明，只要家长用对方法，孩子竟然会在两三岁时，痴迷上书法，而且能写得像模像样。

但遗憾的是，很多家长认为孩子在 3 岁前什么都不懂，甚至认为只要不哭不闹，没病没灾就行，这种认知让家长无意中错过了孩子一生最宝贵的黄金期。如果家长在 3—6 岁抓紧弥补，比起上学之后再行动，孩子会受益较多，家长也会更轻松一些。如果错过了 0—6 岁早期阶段的巧妙陪伴，孩子上学之后，即便再增加，甚至翻倍增加陪伴时间，也未必能赶上学龄前陪伴的效果。不仅如此，上学之后增加的某些陪伴时间，反而可能会成为破坏孩子成长的障碍。如上学之后陪着孩子写作业等，孩子的自主性和主动性反而会越来越弱，逆反性越来越强，亲子关系越来越差，家长的抱怨越来越多，失望越来越大等。这与家长的能力大小和工作成就没有关系，只与家长在孩子 0—6 岁，特别是 0—3 岁期间，是否用心巧妙地陪伴孩子有关。

【案例】：

> 一些工作已经很有成就的人，在一个微信群里发感慨说，"每一个娃出生时都是父母的天使，有无限可能，养娃的过程就是把一个一个可能变成不可能""想让孩子身体好，兴趣广泛，性格开朗，还想要成绩好，真是太难了。想多了都是压力和焦虑。这种压力是育儿书和育儿经都没法解决的"。有些家长直接说："想这么多干啥，降低标准比啥都强。"

发出这些感慨的家长，很多曾经假装陪伴过孩子，即人在孩子身边，心却在工作、社交或手机上；还有一些在孩子 3 岁前完全缺位，并没有亲自上心抚养过等。他们都缺失了学龄前的巧妙陪伴，随着孩子的成长，自然而然就会发出上述失望的感慨。

在学龄前，家长如果能用心陪伴孩子 6 年，退一步讲，即便用心陪伴前 3 年，孩子将会给家长超乎预期的回报，在成长过程中，也会让家长的一个个期望或可能变成现实（大概率），这将是超乎预期的高收益投资。这一点已经被诺贝尔经济学奖获得者詹姆斯·赫克曼（James J. Heckman）的研究所证实。赫克曼通过大量的研究发现，对儿童早期每投入 1 美元将给社会带来了 7—16 美元的回报[①]。另一位学者巴讷特研究证明：早期每投资 1 美元，未来可能减少

---

① ［美］玛丽·简·马圭尔-方（Mary Jane Maguire-Fong）著：《万千教育学前·与 0—3 岁婴幼儿一起学习：支持主动的意义建构者》，罗丽译，中国轻工业出版社 2020 年版，第 14 页。

4 美元的开支①。可见，早期投资(包括投入时间，因为时间也可以转换成金钱)不仅会提高孩子获得高收入的概率，还能降低孩子长大成人之后失业或犯罪的可能。

可见，在学龄前，特别是 3 岁前给婴幼儿进行投资是低风险、高回报的投资项目，会让孩子和社会持续受益。

哈佛大学格兰特项目追踪 75 年的研究成果从另一个角度进一步证明了这一点。该项目的结论认为：童年幸福的孩子，获得职业成就以及一生幸福的概率会远远大于童年不幸的孩子。如果家长能巧妙地将早教理念融入早期养育和陪伴孩子过程中，让孩子在亲密、幸福的亲子养育活动中，智力、情感和心理都得到全面发展，孩子们就会高效率地把社会和家长的一个个期望，变成现实，甚至超过预期。孩子们在成长过程中，会努力将身体健康、兴趣广泛、性格开朗、学习勤奋变为自觉行动。长大成人之后，自然成为工作好、人缘好、家庭好的社会成员，并幸福一生。

早期陪伴之所以如此重要，其主要原因是由孩子早期大脑发育的特点决定的。如果孩子在 0—6 岁生活在极端封闭的环境中，不与外界接触，错过了早期发展阶段，则连最基本的生存技能或规则都很难学会。如走路、说话等技能，不能随地大小便的规则等。因为早期给孩子提供的所有信息刺激，包括看到人们走路、听见说话等，都是给孩子大脑提供信息刺激，都是用来塑造大脑、开发大脑潜能、提高学习能力的。错过这个宝贵时期，后期就很难弥补。除非因为生活变故逼迫孩子自己发奋图强，努力寻求改变，否则家长等外力很难让孩子改变。这一点已经被陪伴孩子写作业以至于让家长住院或犯病的现实所证实。

二、缺乏早期陪伴的后果

(一)难以弥补的早期机会
我们先看一个极端的案例。

【案例】：

　　1970 年，在美国加州发现了一个名叫吉尼的 13 岁小女孩儿。她从 20

---

① ［美］凯斯琳·史塔生·柏格尔(Kathleen Stassen Berger) 著：《0—12 岁儿童心理学(第六版)》，陈会昌译，中国轻工业出版社 2016 年版，第 317 页。

个月大的时候就被绑在椅子上，关在一个小房间里。她父亲憎恨小孩，他的母亲眼睛半瞎，并十分害怕她的丈夫。吉尼被发现时，不会说话、咀嚼、直立，甚至不能伸直她的手脚。她只有一岁的智力水平。经过训练，小女孩学会了走路，并能断断续续说一些话。当她长大后，她的语言能力依然很差，她随地大小便，而且只要她喜欢，她会抢走任何他人的物品。21岁的时候，她被送进了一个专门为无法独立生活的成年人准备的机构①。

这个极端案例，在现实生活中极少发生，但是吉尼的悲惨经历提醒每一个人：如果孩子从小被隔离抚养，没人关心，没人与她说话交流以及肢体互动（如抱抱、抚摸等），更没有小朋友和他游戏玩耍，她可以被养大，但不能长成正常人。

孩子在小时候被耽误的成长机会，长大之后无法弥补。正常情况下，孩子两三岁前都能轻松学会咀嚼、直立、走路、说话等，五六岁基本不会随地大小便、随意拿别人的东西等。可是吉尼在13岁时，仍然什么都不会。孩子们在前五六年就能轻松掌握的基本生存技能和规范，她经过8年训练，也没有完全掌握。不得已只能把她送进专门的机构生活。她可能将终身无法自立和独立生活。可见，早期五六年的耽误，长大之后很难弥补，严重影响她的后续，甚至终身发展。也许有人会有疑问：吉尼生活最终不能自立，是早期与世隔绝的结果，还是她的遗传基因造成的后果？让孩子健康成长的养育方式应该是什么？

这个问题早在20世纪30年代，两位心理学家通过实验就给出了答案。

（二）智障女士带出正常娃

心理学家H. M. 斯基尔斯和H. B. 戴伊（Skeels and Dye，1939）是爱荷华州一家"好"孤儿院的顾问，他们对孤儿院的孩子智商普遍较低、难以与他人建立紧密关系的原因与当时主流观点不同，主流观点认为这是天生的，他们则认为是后天养育方式造成的。

当时孤儿院的养育方式是：孩子们在6个月之前都是躺在四周有挡板的婴儿床里，周围没有玩具或其他物体，没人回应他们的声音，没人与他们互动，也没人抱抱他们，只有在换尿布、被褥或者洗澡、喂药、喂奶瓶时，婴儿才能

---

① ［美］詹姆斯·汉斯林著：《社会性入门》，林聚仁等译，北京大学出版社2007年版，第66页。

接触到忙碌的护士。两位心理学家认为这种缺乏互动刺激的养育方式以及单调的环境(看不到也听不到丰富的外界信息，感受不到被关注、被爱抚等)，是造成孤儿院孩子不正常的原因。为了验证这个观点，他们对孤儿院的孩子进行了对比跟踪研究，我们称这个研究为"孤儿院实验"①。

【案例】：孤儿院实验

　　两位心理学家在这家"好"孤儿院选择了 13 名智力严重迟缓的 19 个月大婴儿作为实验组，同时选择同一批智力水平稍高的 12 名孤儿作为对照组。12 名孤儿继续生活在孤儿院，13 名孤儿则让智力只有 5—12 岁的智障女士一对一地"领养"，生活在专门为智力迟缓者设置的机构里。这些女士非常喜欢领养孩子，她们不仅能很好地照顾"她的"婴儿，给他们换尿布、喂食等，还非常喜欢和孩子一起玩耍，拥抱他们，特别关注他们的活动，形成"一种强烈的一对一母子关系"。他们甚至比赛看谁的孩子先学会走路和说话。同时，这些孩子也会与机构里其他成人产生频繁互动。

　　两年半之后进行测试发现，13 名孤儿的智商平均提高了 28 分，而对照组的 12 名孤儿则丢失了 30 分。

　　21 年后(大约 23 岁时)，这 13 名孩子，平均受教育水平是 12 年级，与正常孩子持平。其中 5 名完成了一年或者多年大学教育，有 1 名上了研究生学院，11 人结婚，所有 13 名孩子都能自立或者成为家庭主妇②，而对照组的 12 名孩子，平均受教育水平低于 3 年级，8 人干着低层次的工作，4 人仍然生活在州机构里，只有 2 人结婚。

这个对比实验证明了两位心理学家的观点。孤儿院的婴幼儿因为缺乏与人互动，没人和他们说话、交流，也没人回应他们的声音，缺少被抱抱、抚摸；没人关心、关注他们；他们看不到、也听不到更丰富的信息，更没有人抱着他们出去玩耍、游戏等，最终导致他们的情感、智力和独立生活能力都受到严重损害。

---

　　①　[美]詹姆斯·汉斯林著：《社会性入门》，林聚仁等译，北京大学出版社 2007 年版，第 65-66 页。
　　②　[美]詹姆斯·汉斯林著：《社会性入门》，林聚仁等译，北京大学出版社 2007 年版，第 66 页。

由此可见，前面案例中，可怜的吉尼最终不能生活自理，并不是遗传造成的，而是与世隔离的抚养方式，让她在缺乏被人爱抚，缺乏与家人和其他人交流、互动，缺乏与同伴玩耍、游戏的生活环境中受到不可逆的损伤，而孩子正常成长所需要的环境，在正常的家庭生活中，就能轻易实现。

很多家长的认知在这个实验中可能会受到强烈的冲击或"吊打"，为什么这些智障女士在心理学家的指导下，就能让智力低下的婴幼儿正常发展，还能考上大学甚至研究生，而现实中，很多正常家长甚至高知家长的孩子也未必能考上大学或研究生。

我们还原一下，案例中的智障女士是怎样照料这 13 名智力严重低下的孩子。这 13 名孤儿，在 19 个月大时，还不会走路、说话，说明他们的智力在孤儿院时已经受到一定的损伤，他们的智力水平比继续留在孤儿院的那 12 名孤儿更低。幸亏他们在 1 岁半左右被这些智障"母亲"领养。被领养之后，他们定时吃饱之后，在空闲时间，为了让他们不哭不闹，哄他们高兴，这些女士会第一时间抱着这些婴幼儿走动，回应他们的开心或哭闹，说一些他们听不懂的话，然后抱着他们到处走，到处看，去人多的地方扎堆玩耍，凑热闹，与更多的成人或小朋友玩耍游戏等。

与孤儿院生活的孤儿相比，这 13 名孤儿被智障女士领养之后，得到更多的陪伴，得到专人的关心和关爱。如他们哭了有人哄，笑了有人跟着一起开心，有更多的人逗他们，他们切实感受到被关心、关注和关爱；他们能听到更多的话语，得到更多的搂抱（被抱着去人多的地方），看到更多的人、事、物，有更多玩耍、游戏的机会，体验到更丰富的情感等。这些看似很普通的养育方法，让这 13 名曾经智力严重低下的孤儿最终长成正常人，平均受教育水平与正常孩子持平，甚至"其中 5 名完成了一年或多年大学教育，有 1 名上了研究生学"。用百分比表示的话，这 13 名曾经智力低下的孤儿，上大学的比例高达 41%，上研究生的比例将近 10%，这个比例甚至超过了很多发展中国家的比例。

也就是说，这些曾经智力更为低下的婴儿，仅仅由智障女士全身心地爱护和照料，就能长成正常人，都能自立，甚至可以上大学。智障女士们的做法，归结为一点就是用爱心陪伴着孩子，并让孩子感受到爱。

而一些正常甚至是高知家长，抚养的都是正常娃，多年之后都不能保证养出符合期望的正常娃，并不能保证每个正常娃都能上大学或毕业之后自食其力。如果说爱心是关键因素，这些家长对孩子的爱是毋庸置疑的，但并不是每个孩子都能快乐、健康地成长，孤儿院实验对正常家庭养娃有什么启示呢?

三、孩子成长的关键要素

从孤儿院实验可以看出，智障女士在带这些孤儿时，无意中满足了孩子健康成长所需要的要素，其中有些要素甚至为孩子的一生幸福奠定了坚实的基础。孩子成长最需要的要素如下:

(一)感受到爱和归属感

每一个父母都说自己非常爱孩子，同时，很多家庭养孩子投入的时间、精力和金钱肯定比这些智障女士多，但是孩子却未必能够健康成长(如与父母反目为仇、啃老、犯罪等)，其中一个重要因素是:"孩子没有感受到爱。"

家长感到很委屈或冤枉，说:我们每个人都那么爱自己的孩子，他们怎么能感受不到呢?

因为"家长爱孩子"和"让孩子感受到爱"在生活中未必同步。在日常生活中，家长给孩子付出的爱，孩子未必能感受到，也就是说，家长表达爱的方式与孩子需要的方式是错位的。

在日常生活中，家长表达爱的做法通常是:尽最大努力保障孩子的衣、食、住、行玩以及安全等。从孩子出生前，家长就准备了最放心的奶粉，最安全、舒适的小床等生活用品，也准备了最好的玩具等;给所有的家具安装防碰的软包，防止孩子受到磕碰等;请最放心的人精心照顾孩子的生活起居，以此表达自己对孩子的爱。有些家长为了实现上述目标，去多赚钱，多加班、出差，甚至将孩子送回老家，夫妻在外打拼，以期让孩子过上更好、更幸福的生活。上述做法，家长确实是发自内心地为孩子好。

家长爱孩子为孩子提供衣、食、住、行、玩和安全(满足基本生存和安全)等物质需要是必要的，也是孩子生存所需要的最基本条件。在物质匮乏的岁月，满足物质所需是让孩子感受到家长之爱的重要手段。但是在满足物质需要已经成为常态的情况下，孩子就会追求精神需要。即使富裕的家长如果只是注重给孩子购买更大的房子、更高级的衣物、玩具、提供更安全的环境等，也仅仅是满足了孩子的物质需要。当孩子得到更多、甚至是过度的物质满足之后，他们更加渴望的是与之匹配的精神需要。在0—6岁不能满足精神需要的孩子，很难健康快乐成长。其实，精神需要并不复杂。孩子从一出生，在吃饱睡好之后，就渴求感受到成人对他们的关注、关爱，感受到归属感。如家长及时回应他们、与他们亲密互动;关注他们的需要，悉心倾听、照顾和安抚他们；亲密地与他们拥抱、依偎，经常给予抚摸、按摩、拍背、摸头等身体接触；经常用温和的语气肯定或欣赏他们；偶尔给予小礼物等①，这些保持情感连接的互动方式，才是孩子们能感受到爱和归属感的重要途径，而这些途径需要家长用心陪伴左右才能实现。

孤儿院实验中，13 名智力严重受损的孩子，之所以能正常发展，最重要的是智障女士给予他们类似母亲一样的关爱。智障女士除了喂养他们，会很慈爱地关注他们的一举一动，及时回应他们的哭闹，或与他们一起开心或欢笑，给他们说更多的话语（虽然没有知识含量，但是包含着关心和爱护），会经常抱着他们到处走动，让他们看到更多，有更多玩耍、游戏的机会，让他们开心等。总之这些智障女士做到了称职母亲应该做的一切，她们全身心地陪伴着孩子，让他们时刻感受到爱和归属感。

与生活在孤儿院的孩子相比，这 13 名孩子获得了更多信息刺激（这些女士经常抱着孩子到处走动，让孩子的触觉能感受到更多刺激，听觉听到更多、视觉看到更多，他们能得到更多的玩耍、游戏和运动的机会等），所有这些活动都会激发孩子们的情感和大脑发育，为他们的心理健康和智力发展奠定坚实基础。

可见，在陪伴中让孩子感受到爱，才是孩子健康全面发展的最基本要素。

当然在满足孩子需要的过程中，还需要注意，不能过度满足孩子的物质需要和精神需要。所谓过度满足就是满足孩子一切需要。例如，孩子已经有一个玩具，但是在商场又看到一个同款玩具，孩子还要买，家长觉得不差钱，让孩子哭闹不划算，就给孩子买了。回家后发现孩子对这个玩具并不珍惜，这就属于过度满足。生活中有很多这类过度满足的例子。家长这样满足孩子需要的后果是，孩子就会认为自己具有类似上帝一样的力量，无所不能，自己是世界的中心，世界都要围绕着他转等。智障女士在陪伴和看护孩子的过程中，只能满足孩子最基本的需要，不可能过度满足他们的任何需要，不论是物质的还是精神类的。由于智障女士自身能力的限制，也在客观上培养了孩子们的自制力，为他们健康成长奠定基础。

孩子在感受到爱的家庭环境中成长，不仅情感更丰富、心理更健康，智力潜能也能得到更好的开发。如果家长能够巧妙地利用早期必须看护和陪伴的时

① ［美］盖瑞·查普曼、罗斯·甘博著：《儿童爱之语》，吴瑞诚译，江西人民出版社2007 年版，第 27 页。

间,还会让孩子在不知不觉中养成有益于长远发展的爱好或特长。书中将在"第二章关爱中培养爱好"和"第四章亲密中爱上阅读"中结合案例分别介绍。

(二)接收到丰富信息

每位家长都希望孩子智力超群,但是有些家长并不清楚大脑潜能开发的关键期在学龄前,特别是在0—3岁阶段,而且不知道开发大脑潜能的方法就在家长日常陪伴或养育孩子的活动中。可见,一个孩子智力正常与否,包括能否快乐健康地成长,关键取决于家长在孩子早期做了什么或说了什么,与孩子接收到多少信息有关。

说到陪伴,家长也许会为自己没有时间而焦虑。但是很多家长却不知道,自己经常在浪费必须陪伴或看护孩子的宝贵时间。

《新华字典》中解释"陪"是指:"跟随在一起,在旁边做伴。""伴"有两个含义:一是"同在一起而能互助的人:伙伴、伴侣",二是"陪同"。其中第二个含义与"陪"相似。"伴"的第一个含义有"互助"的意思。字典中提到的例词是"伙伴"或"伴侣",他们一般都是彼此平等的关系,因此属于"彼此互相帮助"的关系,而家长在"陪伴"孩子的过程中,由于家长与0—6岁孩子之间的力量悬殊,"伴"的含义应该是"亲子互动和帮助孩子"。因此,亲子陪伴的含义应该是:"跟随在一起,在旁边做伴",以及"亲子互动和帮助孩子"。家长在陪伴孩子时,大多能做到"陪",但是往往只能做到一半"伴",即帮助孩子。另一半"伴",即"亲子互动",却经常做不到。所以,大家经常能看到家长陪娃时,处于"有陪无伴"的状态,家长与孩子很少或根本没有互动。如家长人在孩子身边,看似给孩子陪伴,心里却想着工作,或眼睛看着手机、电视或平板(PAD);出去遛娃,几乎全程与娃没有交流。在遛娃过程中,家长经常会看手机,或沉默不语,或与其他人聊天,只要娃不哭不闹,则与娃没有互动。这种"有陪无伴"的做法,既不能让孩子感受到家长对他的爱,促进孩子的情感发育,也不能开发孩子的大脑潜能,提高孩子的学习能力。这种陪伴对家长来说是浪费时间(所以家长要抓紧时间看手机),对孩子来说更是损失了早期开发大脑潜能的宝贵时机,特别是0—3岁的"黄金机会"。

孤儿院的孩子在智障女士全身心地陪伴下,长大之后100%正常,能生活自立,其中还有40%多的孩子上了大学,10%上了研究生,而有些高知家长在这种"有陪无伴"的哄娃模式中,最终就会出现让自己焦虑的结果,"养娃的过程就是把一个一个可能变成不可能"。那么家长在必须陪伴娃的时间内应该如何进行亲子互动?我们将在"第三章互动中开发智力"中,通过案例分析,详细介绍在日常生活中就能做到的具体方法。

（三）与小伙伴多玩耍

孩子从七八个月开始逐渐排斥陌生人，见到陌生人就会大哭，说明孩子天生只喜欢与熟悉的人亲近，畏惧与陌生人打交道。这与人类的遗传基因有关，因为原始人的婴幼儿遇到陌生面孔，感到畏惧哭喊，才能避免被陌生动物伤害，从而生存下来。因此，人类婴幼儿不喜欢陌生人，遇到不熟悉的面孔就哭闹属于正常现象。如果家长对孩子过度保护，杜绝与"陌生人"（如家里的亲戚、朋友等）的接触机会，孩子在成长过程中将会遇到很多难题。因为现代社会每个人在成长中必须学会与陌生人交往，比如从上幼儿园开始，孩子就要学会适应新的环境和新的人群。上小学，又要适应新的群体等。上中学、大学和进入工作单位，都会面临同样的情景。不仅要学会融入新的群体，而且要学会与不同的人相处，即处理好人际关系。阿德勒说："人的烦恼皆源于人际关系。"①有些人因为不能处理好同事间的关系，就频繁换工作，甚至一生都在动荡中度过职业生涯，而频繁换工作并没有为自己带来职业发展；更有甚者，有些年轻人换几次工作之后，就放弃工作，在家啃老。其中的原因千差万别，但是这其中会有一个共同的原因，即他们与同事缺乏融洽的人际关系，他们或难以融入新的群体，或与他人相处困难。在与他们交流时，他们给出的理由也惊人地相似：领导或同事不理解他，与他们沟通困难，经常遇到"小人"暗算或为难他等。他们并非不想与大家搞好关系，但是他们确实不知道如何与他人相处。更悲哀的是，他们根本不清楚自己的问题所在。

如何解决这类难题？最基本的做法就是要让孩子与小朋友多玩耍。在玩耍中，家长要尽量放手，让孩子们自己解决遇到的问题，而不是家长提前插手，代替孩子去解决。在玩耍中，让孩子学会融入新的群体以及学会平等地与他人交往。

（四）多运动

多运动是开发孩子智力潜能的重要途径之一。有些家长舍不得让孩子从小运动，例如有些孩子不会爬直接就学会走路等，结果这类孩子的动作协调相对较弱。不仅如此，如果从小就缺乏运动，其后果就会表现为感觉统合失调，简称为感统失调。在网上搜索"感统失调"，就会跳出很多感统失调训练班的广

---

① ［日］岸见一郎、古贺史健著：《被讨厌的勇气》，渠海霞译，机械工业出版社2015年版，第36页。

告，他们的宣传也会给家长科普婴幼儿运动的重要性。摘抄一段关于感统失调的表现：

> 注意力不集中，好动，上课不专心，易与人冲突；无法流利地阅读，出现跳读或漏读，多字或少字。学了就忘，常抄错或抄漏题等；紧张孤僻不合群，脾气暴躁；对别人的话充耳不闻，经常忘记老师说的话和布置的作业等；缺乏自信，语言表现能力极差；平衡能力差；手工能力差、精细动作差等①。

这里说的每一项都是中小学生可能存在的问题，也是家长特别在意的问题。这种广告宣传似乎每位中小学生都是"感统失调"者，需要去参加训练班。当然，孩子们偶尔出现上述问题，并不是感统失调造成的。但是，这些广告可以提醒家长，从小缺乏运动，造成感统失调可能会带来严重的后果。因此，在孩子需要抱抱的年龄，要多抱抱孩子。在能翻身、能爬的时候，引导孩子多翻身、多爬、多运动。随着孩子年龄的增长，运动能力的增强，家长在日常生活中，要鼓励孩子多玩滑梯、平衡车、跳绳等各种运动类玩具。让孩子在玩耍中运动，在运动中开发大脑潜能。

综上所述，让孩子感受到爱和归属感以及接收到更丰富信息，属于亲子之间的互动；与小朋友多玩耍属于与小伙伴平等互动；利用运动器材多运动，可以属于是人与自然的互动，在运动中也可以创造与小伙伴多互动的机会。在上述互动中，都是开发孩子大脑潜能的机会或途径。本书"第四章互动中开发智力"，将结合案例重点介绍在日常生活中，如何通过多互动，开发孩子的智力潜能。

四、珍惜天赐时机——学龄前

0—6岁学龄前对孩子发展的重要性，已经被民间智慧或学者的研究所证实。例如大家常说的："三岁看大，七岁看老"，是民间老百姓育儿经验的总结，他们认为3岁前和7岁前的家庭养育方式，对孩子成人或一生都会产生重要影响。

之所以六七岁之前对孩子的成长如此重要，与该阶段孩子的大脑发育特点

---

① 参见 https://baike.so.com/doc/5407005-5644893.html。

有关。

（一）学龄前是轻松学习的窗口期

0—6岁的孩子处于轻松学习阶段，特别是0—3岁期间，孩子们轻松学会了说话、走路以及与人交往等，在3—6岁期间，他们能轻松掌握很多成人很难掌握的技能，例如杂技或体操等，这都是大脑快速产生神经联结的结果。脑神经联结产生的快慢意味着大脑可塑性的强弱。

脑神经联结产生的前提是必须接收到信息或刺激。也就是说婴幼儿接收到信息的多少或自身经验丰富与否，决定了脑神经联结产生的多少以及大脑的结构。年龄越小，脑神经联结越快，大脑的可塑性越强。在0—3岁阶段，大脑每秒产生700到1000条类神经联结①。每分钟产生4.2万—6万条，每小时和每天产生的数量更是惊人。大脑神经联结处于"爆炸式"增长阶段。可以形象地说，该阶段大脑神经联结具有"一触即爆"的特点，即婴儿接触的任何经验，都会激发脑神经联结爆发式增长。说明0—3岁大脑神经联结生长非常旺盛，任何一点信息刺激，都能让脑神经产生大量联结。这些联结形成的回路塑造了婴儿的大脑结构，开发着大脑的潜能。所以在0—3岁期间，只要婴幼儿生活在正常的人类环境中，只要能满足吃、穿、睡、行、玩和安全（基本生理和安全的需要），感受到有人爱（爱和归属感的需要），孩子就能身心健康地成长。

婴幼儿接收信息的另一个重要特点是"一心多用"。"尽管婴儿可能看起来无所事事，甚至是被动的，但他们的大脑在任何时间点都在处理大量的信息"②。而且，与成人只能专注于某个信息不同，婴幼儿具有"一心多用"的特点，他们能从环境中同时收集、感受到多类信息，只要环境中出现过，孩子们就在不断收集这些信息，他们都会积极学习、主动模仿，并热爱上这些内容（这些信息刺激着大脑神经产生联结，形成回路，为模仿提供了物质基础）。抓握、翻身、爬、说、走、跑、跳等无不如此，甚至学习很多成人无法预期的技能或能力，例如1岁左右拿起毛笔"画字"，2岁开始痴迷写毛笔字，3岁就

① ［美］达娜·萨斯金德（Dana Suskind）、贝丝·萨斯金德（Beth Suskind）、莱斯利·勒万特-萨斯金德（Leslie Lewinter Suskind）著：《父母的语言：3000万词汇塑造更强大的学习型大脑》，任忆译，机械工业出版社2017年版，第50-51页。

② ［美］玛丽·简·马圭尔-方（Mary Jane Maguire-Fong）著：《万千教育学前·与0—3岁婴幼儿一起学习：支持主动的意义建构者》，罗丽译，中国轻工业出版社2020年版，第21页。

能写出书法作品。

让家长们更想不到的是 3 岁前孩子学会的所有技能，包括说、走、跑、跳、与人交往的技能和情感发育等，都是孩子们积极主动地从周围环境自学的。不用家长或周围人特意去教。而且在学习过程中，孩子们不畏艰难困苦，执着地刻苦练习。例如学习走路时，跌倒了，摔疼了，哭几声，爬起来继续练，直到会走、会跑、会跳等。

正因为如此，所以智障女士抱着孤儿到处走，到处看，到处玩，照顾着他们的日常生活和情绪的过程，婴幼儿就接收到大量的信息或刺激，其大脑内部会建立海量的联结，这些联结的外在表现就是婴儿从周围环境中学会了最基本的生存技能，如抓握、翻身、爬、说、走、跑、跳以及与人交往，在被抱着哄着的过程中，还感受到强烈的被爱和归属感等，他们就能身心健康地正常成长。

留在孤儿院的孩子和吉尼，因为接收不到日常生活带来的丰富信息或刺激，他们的大脑神经联结产生不足；也感受不到被爱，始终处于无依无靠的不安全状态中，也不能激发他们正面情感的发育，导致他们智力、基本生存技能以及情感都得不到发展，最终不能成为正常的成年人。正因为大脑发育的这个特点，就特别凸显了 0—3 岁早期家庭养育方式——用心陪伴的重要性。

当然家长也会出现一些烦恼，孩子们会不加选择地接受周围环境的影响。家长不想让孩子学习的技能或习惯，只要在周围环境中频繁出现，他们也会自动学习模仿，这就是古代孟母三迁的原因。现代父母遭遇的普遍的一个难题是：因为成年人常常手机不离手，结果很多 1 岁左右的宝宝就学会了玩手机。我曾经见过哭闹不已的 2 岁多的宝宝，爷爷奶奶、爸爸妈妈轮番哄，他都不理会，只是嚎啕大哭，谁哄他，他就踢打谁。最后爸爸悄悄把手机递到他手上，他的哭声戛然而止。这个宝宝已经在周围人经常玩手机的氛围中，学会了玩手机，并痴迷上手机。长时间玩手机对成人和孩子的危害我们这里不讨论，这个例子只是说明周围环境对孩子的影响。这个宝宝的父母和爷爷说起孩子玩手机竟然是一脸自豪，夸他没人教，学得快，爷爷奶奶不懂的地方，他都能玩得特别熟练等。这个例子也说明各家对孩子玩手机的态度大相径庭，就会有不同的结果。这个案例也说明，家长的育儿理念和态度也会对孩子的成长产生重要影响。

从另外一个角度来讲"周围环境对孩子的影响",也可以说是"早期孩子具有从周围环境中轻松学习的能力"。如果周围人不是频频玩手机,而是经常看书,孩子是否也会受到影响,成为爱读书的人?当然可以。只要在陪伴孩子的过程中,家长巧妙地将某些内容融入陪伴内容,孩子就会主动模仿、学习,并爱上这些内容。正因为如此,所以钱志亮教授在书中写道:"早期经验决定神经回路的形成、修剪、保留、强弱,为未来的学习、行为和健康提供了或者坚实或者薄弱的基础。"①家长在陪伴孩子过程中,能否将积极正向的内容融入陪伴,会决定孩子是否拥有积极正向的特殊经验,为孩子的顺利健康成长提供坚实的基础。

这就是大脑联结快速发展的特点决定的,这个现象还可以用敏感期的作用加以解释。

(二)学龄前具有丰富的敏感期

0—6岁期间,孩子具有密集的敏感期,有些敏感期会延续到青春期之前。

敏感期是基于动物的关键期而引申出来的一个概念。大家非常熟悉这样的场景:母鸭(或鸡)带着一群小鸭(或鸡)的景象,这是小鸭(鸡)跟随母鸭(鸡)的结果。一般人认为小鸭(鸡)天生就会跟着母鸭(鸡)。科学家实验发现,刚孵出来的小鸭(鸡)在出生后的一段时间之内,如果看不到母鸭(鸡),只看到其他移动的对象,例如人或玩具等,小鸭(鸡)就会跟随人或玩具,而不是母鸭(鸡)。诺贝尔奖获得者、奥地利生物学家洛伦兹(K. Lorenz)就成功地让一群小鸭跟随他,而不是跟随母鸭。如果这个时间段没有看到任何移动对象,小鸭(鸡)就不会出现跟随现象。洛伦兹(K. Lorenz)将这个阶段称为"关键期"。对于人类也有类似的现象,只不过不像动物关键期的时间段那么严格,因此一般用敏感期代替关键期②。

人类的敏感期虽然在时间上不像动物那样严格,但是与关键期的特性是类似的。如果从孩子出生后,生活环境中经常出现某些内容,这些内容无论是家长有意安排的,还是无意出现的,孩子都会模仿、喜欢甚至痴迷,这就是孩子对这些内容形成了敏感。

例如在0—3岁期间,如果孩子频繁接触打篮球、滑雪、跳广场舞、某种乐器、唱戏曲、背诗词、读书甚至是练习书法等,不论是有意的还是无意的,

① 钱志亮著:《科学的早期教育》,北方妇女儿童出版社2019年版,第259页。
② 边玉芳等编著:《儿童心理学》,浙江教育出版社2009年版,第28页。

孩子们都会模仿、喜欢甚至痴迷，后面我们会有专门的案例介绍。对于没有接触过的内容，则会比较排斥。以读书为例，如果在0—3岁孩子没有接触过书籍，没有听过大量的故事，这个孩子对书籍就不敏感，不仅不会主动看书，还会比较排斥书籍。在3—6岁学龄前，家长如果没有有意识地增加给孩子讲故事的时间，让孩子多接触书籍，并喜欢上读书，这孩子上学之后，大概率是不喜欢上学，不喜欢读书、学习，厌学就是自然的事。

敏感期并不神秘，每个人都会有所体会。以饮食习惯为例，四川人喜欢吃麻辣味，陕西人喜欢吃面食，广东人喜欢清淡饮食等，这都是从小经常接触某种口味形成的敏感。最典型的就是每个人都最喜欢"妈妈做的味道"。即使由于工作、学习，有些人很早就离开了家乡，但是这种"家乡的味道""妈妈的味道"一辈子都很难忘。这就是敏感期的作用。

这也是为什么书香门第的孩子爱读书，音乐世家的孩子具有音乐才能，将门之后更痴迷刀枪剑戟等。很多情况下是由于家庭的氛围，无意中影响了孩子，让孩子形成了敏感。当然，喜欢玩乐，痴迷手机、电视、平板等电子产品等也是如此。

如果家长想有意发展孩子的某个特长，让孩子爱上某特长，就应该珍惜敏感期的宝贵机会，在0—3岁引导孩子经常参与其中，不论是打篮球、滑雪、高尔夫等体育项目，还是音乐、读书、书法甚至厨艺等无不如此。

由于敏感期的作用，在0—6岁期间学习到的技能，或养成的习惯，不论好坏，要改变都会比较困难。这就是很多没有养成读书习惯的孩子，上学之后，家长觉得自己很累的原因。即使家长使尽浑身解数，也未必能换来孩子爱读书、爱学习的好习惯。正因为如此，神经科学家诺曼·道伊奇（doidge）指出："要戒掉一个坏习惯，比（开始）学它时难十倍。这也是为什么童年的教育这么重要：最好一开始就教对的，不要等到坏习惯已经做大了，有竞争优势了再去拔除它"[1]。

可见，珍惜孩子早期成长的宝贵时机，家长提前为孩子"计深远"，在孩子学龄前，特别是3岁前陪伴孩子的过程中，用心引导孩子养成正向的爱好、特长或习惯，这不仅仅是事半功倍的问题，而是一劳永逸的事情，而且还会让孩子更轻松、快乐、健康地成长，让家长和整个家庭也更幸福。

---

[1]　［美］道伊奇（N. Doidge）著：《重塑大脑，重塑人生》，洪兰译，机械工业出版社2015年版，第69页。

　　家长在必须陪伴孩子的时间里，具体该怎么做，才能为孩子健康成长打下坚实的基础呢？这正是本书所要介绍的内容。

◎心理学知识链接

1. 必要的经验和可能的经验(或特殊的经验)

　　孩子成长过程中必备的"正常经验"分为两种。

　　一种是"必要的经验"，又被称为"经验预期型脑机制"。几乎所有在正常环境中养育的婴儿，都会经历这些经验，它们是大脑发育必需的经验，这些经验会使婴儿正常发育成长。这些经验智障女士就能为孩子们提供，几乎每位婴儿不用家长特意教，他们就自动学会。如翻身、爬、站立、走、说话等。大家看到的是外在的表现，看不见的是内在大脑的变化。这就是"必要的经验"带来的变化。

　　另一种是"可能的经验"，被称为"经验依赖型脑机制"或"依赖型经验""特殊的经验"等。"这些经验只发生在来自某些家庭和文化的婴儿身上。在其他家庭和文化中则不存在。"①例如音乐世家的孩子对音乐特别敏感(如朱德恩)；经常看爸爸打篮球的宝宝喜欢投篮(如四川投篮小萌娃)；书香门第的孩子更喜欢读书等。这些都属于"可能的经验"或"特殊的经验"。"由于依赖型经验(的存在)，人类才有了如此巨大的个体差异"②。"依赖型经验只是可能存在的。而这些经验会让一个人的大脑不同于别人。具体的经验是因人而异的。"③。

　　所以，"预期型经验使所有人都相似，依赖型经验使每个人都是独一无二的。"④无论是必要的经验还是特殊的经验，都有赖于家庭养育孩子过程中，在照顾或陪伴孩子时，给孩子们提供。

　　早期陪伴之所以重要，是因为早期陪伴的内容和方式不同，会为孩子

---

① [美]凯斯琳·史塔生·柏格尔(Kathleen Stassen Berger)著：《0—12 岁儿童心理学(第六版)》，陈会昌译，中国轻工业出版社 2016 年版，第 152 页。

② [美]凯斯琳·史塔生·柏格尔(Kathleen Stassen Berger)著：《0—12 岁儿童心理学(第六版)》，陈会昌译，中国轻工业出版社 2016 年版，第 152 页。

③ [美]凯斯琳·史塔生·柏格尔(Kathleen Stassen Berger)著：《0—12 岁儿童心理学(第六版)》，陈会昌译，中国轻工业出版社 2016 年版，第 153 页。

④ [美]凯斯琳·史塔生·柏格尔(Kathleen Stassen Berger)著：《0—12 岁儿童心理学(第六版)》，陈会昌译，中国轻工业出版社 2016 年版，第 153 页。

提供不同的信息或刺激以及特殊的经验。早期接受的特殊经验，会塑造出特殊的大脑，同时也塑造出孩子独一无二的人生。

2. 敏感期

与动物的关键期不同，人类的敏感期是"指更长的、非限定性的阶段，在该阶段某种类型的经验，对于发展有巨大的影响，但是这种影响可以被后续经验所修正或改变"。[1]

---

[1]　边玉芳等编著：《儿童心理学》，浙江教育出版社 2009 年版，第 28 页。

实 操 篇

第二章　关爱中培养爱好

第一节　爱好是从小"养"出来的

我们先从一个案例入手。

2022 年北京冬奥会开幕式上淡定而熟练演奏《我和我的祖国》的小号手给观众留下深刻印象，这位小号手名叫朱德恩，当时 9 岁。

朱德恩出生在一个音乐世家，爷爷朱尧洲是新中国第一代小号演奏家，奶奶商澄宋是中国著名钢琴家，爸爸朱光是著名小号演奏家。他在母腹中就经常接受音乐的熏陶，出生之后更是生活在音乐的氛围之中。他刚出生后，爸爸就给他买了塑料小号玩具，1 周岁时爸爸送给他一个袖珍的小号。爸爸平时给学生辅导小号时，他就在一旁玩耍。3 岁时就鼓着腮帮子，涨红小脸，鼓着劲吹小号。4 岁跟着奶奶学习钢琴之后，他更是在爸爸给学生上课时，常常按耐不住地去帮爸爸按键。虽然朱德恩对小号很感兴趣，但他爸爸一直没有教他。直到 2020 年疫情居家期间，爸爸才开始教他吹小号。当时他爸爸也是有一搭没一搭地教，每个礼拜也就两三次，一次顶多半小时。在 2021 年夏，8 岁的朱德恩参加了新加坡国际器乐大赛并获得了少儿组的一等奖。之后，爸爸才开始系统教他，每天仍然是半小时。也就是说 8 岁之后，朱德恩才开始系统地学习吹小号。半年之后，就站在冬奥会的开幕式上。

"婉言教育"在文章说：之所以选择朱德恩(在冬奥会开幕式表演)，与他吹小号时"散发出的自然和轻松也有关系。这种源自真心的喜欢，会从多个角度打动观众"。

有人认为朱德恩系统学习吹小号仅仅半年时间就能出色完成冬奥会开幕式上的重大任务，与他不同寻常的家庭背景有关，言外之意，他天生具有音乐天赋。但是，详细了解他的成长经历之后，大家就会看到，这种音乐天赋是早期家庭养育环境为他根植的种子（敏感）。这种根植不是一时兴起，而是在0—6岁大脑可塑性最强的阶段，对大脑结构的塑造。他在胎儿时期以及出生之后，一直沐浴在音乐的氛围之中，他的音乐脑神经因为接触了更多的音乐而发育、发达、巩固和稳定下来，让他天生具有对音乐和乐器的喜欢，即那种"源自真心的喜欢"，这就为他形成真正的爱好打下了坚实的基础。

正因为如此，他在学习过程中，并不需要像虎妈狼爸那样严格逼迫，他一直享受着音乐、享受着小号。当然这也与他爸爸科学的教育方法有关系。

9岁的朱德恩和其他同龄小朋友一样，爱说、爱笑，喜欢玩乐高玩具，也喜欢踢足球、画画、读书，其中画画曾获得北京市绘画比赛大奖。爸爸希望他长大以后有自己的选择，也许小号只是他的一个爱好，爸爸的这种态度让他在学习过程中，没有压力。

从这个案例来看，爱好不是家长逼出来的，而是从小在家里"养"出来的。

一、培养爱好比想象中要早

培养爱好，不是上幼儿园或上学之后的事情，而是从零岁开始的。从朱德恩这个例子来看，要培养孩子的爱好，从胎儿或者零岁开始，只要孩子的生活环境中经常出现"爱好"因素，孩子就可能爱上这个内容，朱德恩的成长过程很好地诠释了这个观点。

他出生前后，一直沁润在音乐声中。出生之后，钢琴和小号是他生活的组成部分。他出生后，爸爸就给他买了塑料小号作为玩具，1岁送他一把袖珍小号。平时爸爸在家教学生吹小号时，他无意中就成了"旁听生"。他无意中经常听到的是钢琴声或小号声，看到的是家长弹奏钢琴或吹小号。钢琴、小号及其演奏的音乐就像空气一样弥漫在他的成长环境中，他自然密集地收集着音乐和乐器的信息。在他的大脑发育中，有关音乐和小号乐器的神经联结就会比其他小朋友更巩固和稳定，大脑传输有关音乐和小号的信息就会更快捷，更轻松。外在的表现就是他会更喜欢听音乐和演奏小号。他3岁时就迫不及待地要吹小号，就成为很自然的事情。这就是他在充满音乐和乐器的日常环境中，从小耳濡目染，将音乐和吹小号的种子播撒在他脑海中（脑神经联结），并茁壮成长的结果。

可见，培养爱好并非看到其他孩子报什么班，家长就给自己孩子多花钱、请名师就能培养出来的。需要家长从孩子出生之后，在养育环境中给孩子提供相应的环境。为孩子播撒相关的种子（建立相关大脑神经联结），到恰当时机，这颗种子自然就会发芽、茁壮成长。

当然没有提前准备这种养育环境的家长，也可以通过后期花费更多的时间、精力、金钱，甚至付出更大的代价，培养出孩子的特长，或者让孩子成为专业人才，例如虎妈或狼爸的做法，但是从某种意义上来说，这些孩子只是被培养了一个谋生的专业特长，而不是他自己的兴趣和爱好。

有家长会说，我们也想为孩子提前准备培养爱好的环境，但是像朱德恩这样的家庭条件是可遇不可求的，一般家庭很难做到。怎么办呢？简单来讲，要培养什么特长，就是创造条件让孩子从多看、多听、多接触，孩子自然就能从中做到模仿、喜爱、自发行动。

二、培养爱好比想象得容易

有些家长说，我们没有什么特长，也没有条件去现场听音乐会或去球场看赛事，怎么才能让孩子在生活环境中经常接触乐器表演或运动项目等，培养孩子的爱好呢？这就需要根据自身条件和环境情况，为孩子提前选择相应的爱好方向。

没有特长的家长，如果用心，也可以为孩子寻找到让孩子经常见到的许多特长训练班。例如现在有很多专门为小朋友开设的课外训练班，有乒乓球、篮球、足球、跑步、舞蹈、乐器等，这些训练班分布在社区密集的地方，有些课程是开放的，附近的家长都可以带着小宝宝去场地边玩耍。例如可以带着小宝贝在篮球或足球场旁，让小宝贝玩玩具或与其他小朋友玩，小宝贝看似在玩玩具或与小朋友玩，但是训练或活动的信息，小宝贝都能收集到。还有在很多公园都有老年人组织的活动，有唱歌、说相声、弹乐器、戏曲票友活动等，这些活动都是开放的；有些公园或社区还长期举办轮滑班等，家长都可以带着小宝贝在周围多活动玩耍；目前广场舞在各地都很普及，只要播放音乐的声音不是太大（声音太大会伤害孩子的听力），家长也可以带着宝宝去观看，让学步的宝宝跟着玩耍。别小看经常带着小宝宝们在这些场地边溜达、玩耍，小宝贝们"一心多用"的特点，会同时收集到更丰富的信息。如果实在没有什么爱好可以选择，还可以为孩子选择一个最简单的爱好——爱读书。只要从出生之后，有意识地给孩子拿着书念，从儿歌诗词到讲故事，孩子就会轻松爱上读书。即使给孩子培养其他爱好，回家休息时，家长也可以给孩子穿插讲故事，让孩子对书籍和文字形成敏感，最终爱上读书（关于如何让孩子爱上读书，后面会专门介绍）。这样的孩子以后都会爱上学，学习生活更轻松快乐。所有这些丰富的活动都可以给宝宝带来多样的信息刺激，促进大脑神经联结，为宝宝选择自己的爱好奠定基础。

当然，培养宝宝们兴趣、爱好，不是说家长今天有兴致，就带着宝贝去看看，没有兴致了，就不去。时间是最好的老师，家长要经常带着宝贝们去看、去听、去玩耍，只有多接触，才能真正为孩子的爱好打下基础。

三、培养爱好切忌揠苗助长

（一）3—6 岁在"好玩"中巩固爱好

有些家长看到 3 岁左右的孩子喜欢某项活动，就觉得孩子在这方面有天赋，迫不及待地去培养，结果孩子的痴迷、喜欢却逐渐消失殆尽，让家长很失望。

【案例】：

> 朋友的儿子天资聪颖，最后保送国内一流大学，朋友曾经给我分享她儿子成长中的一个教训。她儿子在 3 岁半左右特别喜欢画画，经常在纸上涂写、画画。每天从幼儿园回家，就在纸上画个不停。她觉得儿子在绘画上很有天赋，就在幼儿园给孩子报了绘画班，结果发现孩子拿画笔的机会越来越少，甚至回家也不再拿笔画。后来绘画老师给她说，她家孩子太小，在课堂上听不懂，不画画，建议退班。家长只好让孩子停课，想着再过一两年，再学也不迟。结果，他儿子一直不喜欢画画，甚至上小学、中学美术课都成了他最困难的课程，而其他课程都很好。这就是家长揠苗助长的结果。

孩子 3 岁左右表现出来的爱好、模仿、痴迷，都是基于环境影响。在没有压力的情况下，孩子们就会积极学习、主动模仿。但是一旦开始去上培训班，老师就会对孩子提出要求，家长也会因为交钱了，很功利地关心孩子的学习进步情况。而三四岁的孩子在培训班一般属于年龄偏小的，与大孩子相比，他们很难达到大孩子的水平，也就很难得到老师的鼓励，反而会遭到老师的忽视、批评或打击，孩子自然就会失去兴趣。如果他们不去接受正式培训，家长还可能会经常夸奖他们的表现，觉得他们很有天赋，孩子受鼓励后，就会更加喜欢自己的爱好。

另一个原因是，3—6岁的孩子还不具备为了完成某个明确的目标或任务而主动学习或行动的能力，更不能理解当前与长远之间的关系①。所以要尽量像朱德恩的爸爸那样，遵循孩子自然成长的规律，让孩子在玩耍或好玩中，继续巩固对爱好的喜欢(特殊特长除外，例如杂技类)，让大脑相关联结更加巩固，让孩子的爱好更稳定。同时根据孩子的自然发展规律，让孩子继续全方位接受生活中的其他丰富信息，最终让孩子自己进行选择。

例如朱德恩在这个期间与同龄小朋友一样，喜欢画画、踢球、玩乐高等，同时不忘经常吹小号玩，小号只是他生活中喜欢的玩具之一。在玩耍和家长的鼓励声中，进一步巩固爱好。而不是家长替孩子确定他未来的发展方向，按照专业训练的方式，逼迫孩子训练。

在威逼利诱等高压下训练、学习，虽然孩子会因为害怕而勉强应付，但最终会把在0—3岁形成的宝贵爱好变为可怕的负担。任何负担都会引起身体上的生理反应，如出现焦虑情绪、心跳加快、血压上升以及静脉和动脉收缩的情况等②。在这种状态下学习，会抑制孩子大脑的发育或发展，长大成人之后，就可能出现意想不到的问题。3—6岁阶段引导孩子主动行动的仍然是喜爱或痴迷，只有让孩子保持喜爱，他才能主动去学习或练习。

(二)六七岁在鼓励中主动学习

朱德恩的爸爸深知兴趣的重要性，所以在培养他吹小号时，充分尊重孩子成长的自然规律。在7岁疫情居家期间，才开始教他学习吹小号。刚开始学习的一年半时间里，用他的话说是"有一搭没一搭"地教，而且也是先易后难，每周只练习两三次，每次只练习半小时。但是在一年半之后，朱德恩就获得了国际竞赛一等奖。这正是早期家庭环境奠定的深厚基础所发挥的作用。

与其他孩子相比，朱德恩觉得吹小号是件好玩的事情，练习时虽然也会辛苦，但是因为喜欢，他都能自觉克服，高效率地完成。因为六七岁的孩子已经可以完成明确的任务。根据埃里克森的理论，他们在这个阶段会勤奋地"学

---

① ［瑞士］皮亚杰著：《皮亚杰教育论著选》，卢濬选译，人民教育出版社2015年版，第65页。

② ［美］芭芭拉·弗雷德里克森(Barbara Fredrickson)著：《积极情绪的力量》，王珺译，中国人民大学出版社2010年版，第104页。

习、掌握新技能，争取成为有能力且有成效的人"。① 朱爸爸的科学教授方法，让他的练习更高效，效果自然就非常显著。

到 8 岁时，由于冬奥会开幕式的任务，爸爸才开始对他进行正式的专业训练。在冬奥会倒计时的指引下，朱德恩能够积极配合，做到每天坚持练习 4 个小时。这个年龄因为具备对任务、意义的理解能力，也具备有意识地为完成明确目标而主动学习的能力，因此，朱德恩出色地完成了冬奥会开幕式的表演任务。这都与孩子的思维或认知能力的发展相适应。

现在很多针对学龄前孩子开设的培训班，像培养大孩子那样，从一开始，就制定明确的计划，让孩子执行明确的任务。特别是为了所谓的长远目标，从一开始按照专业要求，从最枯燥的基础开始练习，所有这些都与学龄前孩子的心智发展水平不适应，因为学龄前他们无法理解和自觉执行指令性的学习任务，只根据兴趣进行学习，这是学龄前儿童学习的特点。这就是为什么有些学龄前孩子高高兴兴地要求家长报名参加特长班，几天后就开始哭哭啼啼地要求退班的原因。有些家长认为是孩子没有毅力，为了培养孩子的毅力，逼迫孩子坚持，这就形成了孩子痛苦学习的循环过程。这种方式，不仅学习效果不佳，还会影响其心理及智力的健康发展。

因此，要培养孩子的爱好或特长，要根据不同年龄孩子的认知水平以及心理特征，循序渐进地进行，否则，不仅对孩子的健康成长有阻碍，也有可能给家庭带来难以预估的负面影响。

(三)任何压力都是孩子进步的障碍

在朱德恩的案例中，其中突出的特点是，家长没有给他增加压力或负担，这是家庭早期正确养育方式中最重要的特点。要用符合孩子认知发展规律的方式(即 6 岁前孩子基本不具备为了实现目标坚持学习或行动的能力)，他们好学但又追求即时快乐，他们会积极学习他们感兴趣的一切，而不是家长想让他们学习的内容。

如果要让孩子的兴趣与家长的期望保持一致，那就需要像朱爸爸那样，从孩子出生就为他创造多接触的环境。在日常养育和玩耍中，为孩子的爱好发展打下坚实的基础。在自然的氛围中，让孩子在 0—3 岁形成爱好(即敏感)，在 3—6 岁进行巩固，在六七岁之后进入正轨学习(特殊特长或爱好除外)。

① ［美］凯斯琳·史塔生·柏格尔(Kathleen Stassen Berger) 著：《0—12 岁儿童心理学(第六版)》，陈会昌译，中国轻工业出版社 2016 年版，第 45 页。

如果 0—6 岁的孩子在逼迫或压力下学习，不仅不会有助于发展孩子的爱好或特长，反而会破坏孩子的学习能力。研究表明，学龄前感受到逼迫、压力或负担都会极大地伤害孩子的身体、心理甚至大脑发育。①

朱德恩学习吹号的经历与谷爱凌惊人地相似。谷爱凌在 3 个月的时候就被妈妈带到了滑雪场，到 3 岁的时候，妈妈去当滑雪教练，就带她在滑雪场玩耍练习，4 岁已经可以在林间滑行。在 8 岁的时候，她才正式进入滑雪队，开始进行训练，第二年，9 岁的谷爱凌就包揽了全美滑雪比赛少年组冠军。同时谷爱凌也是一位爱读书的学霸。

四、读书可以与任何一个爱好相兼容

在这里需要特别强调的一点是，培养爱好或特长不能将读书排除在外，因为喜欢读书也是一个爱好或特长，而且读书的爱好，可以与任何一个爱好相兼容，并有助于其他爱好的发展。朱德恩的家长就成功地做到了这一点。比如，在排练等待的间隙，朱德恩会拿出随身携带的故事书，专心致志读了起来，一位记者想与他聊天、拍照，他礼貌地说要等他读完这段书。

家长们就会疑问，这个孩子是怎么养成喜欢读书的习惯的？其实也很简单，只要在 0—6 岁期间，在培养这些爱好的空闲时间，家长每天坚持给孩子多讲故事，就会让孩子自然养成爱读书的习惯或爱好。上学后，孩子就能高效率地轻松学习，还会为发展爱好提供更多的时间和精力，这样就形成了良性循环，学习和爱好相互促进。

五、任何年龄都能培养爱好

理论上讲，人的一生在任何时候都可以培养爱好。例如很多人退休之后才开始学习绘画、书法等，后来都很有成效。因为大脑终身都是可塑的。但是与学龄前轻松培养爱好的优势相比，之后培养爱好更需要激发本人的内在动力，本人要具有主动性。

与学龄前孩子不同，小学之后的孩子已经具备根据任务目标进行学习的能力。这就是为什么很多国家都规定孩子在六七岁入学的原因。

如果孩子上小学后，喜欢上某项特长，并产生强烈的学习意愿，他就可以

---

① ［美］马丁·塞利格曼著：《习得性无助》，李倩译，中国人民大学出版社 2020 年版，第 54 页。

主动高效地进行学习、练习，甚至不畏艰难困苦，坚持练习。这样高强度的练习，照样可以培养出特长，甚至成为专业。正因为如此，所以外语学院的学生，虽然入学时已经 18 岁左右，他们通过四五年学习，都能掌握一门外语，甚至有些学生的发音，可以与说母语的人媲美，这也是大脑终身可塑的一个证明。

但是，与婴幼儿只用 2 年就能轻松学会一门语言相比，上学之后或大学生学习新语言需要花费更多的时间和精力，效果也未必能达到人人都像说母语一样轻松、地道，这就是婴幼儿早期和之后大脑可塑性具有很大差异的缘故。

可见，古语说："父母之爱子，则为之计深远"是有科学依据的。学龄前，特别是 3 岁之前是大脑发育最快的时期，需要家长在养育中有意识地给孩子提供丰富的环境，扩大某类信息输入，孩子就能在玩耍中，轻松增加兴趣点，爱上某类项目，包括读书或语言学习。

总之，家长抓住学龄前的宝贵时机，更容易助力孩子们轻松、快乐、健康成长。

第二节　特长是"陪"出来的——只有家长想不到，没有萌娃做不到

【案例】：

得益于网络传播的推动，现在大家能看到很多有特长的 3 岁左右的小萌娃。

3 岁上央视《多彩少年》节目的书法小萌娃高宇博（在小红书搜"小宇博"就能看到他写书法的大量视频）出生之后，经常在妈妈怀里"旁听"妈妈的书法网课，"观摩"妈妈练习书法，1 岁开始拿笔"画字"，经常会像模像样地模仿妈妈和哥哥"写书法"。三岁妈妈才正式让他开始每天练习 10 分钟书法。

青岛的王恒屹小朋友，喜欢背诵诗词，3 岁上央视，6 岁成为央视中秋诗会总冠军，被称为"中华小诗库"。9 岁会背 1400 多首古诗词，喜欢给同学讲诗词中的历史故事。

2 岁的四川小萌娃，特别痴迷投篮，不论走到哪里都要提醒爸爸带上篮球筐，爸爸背着篮球筐在前面慢慢走，他在后面边走边投篮，不仅投得

很专注，而且投得非常准，这个小萌娃对投篮情有独钟。

爱跳广场舞的小萌娃，就更多了。一个 3 岁多的广场舞小达人还受美国电视台邀请，去国外参加电视节目。比较早的广场舞萌娃是 2010 年出生的张峻豪，能对广场舞曲"随便跳"。3 岁参加山东卫视《我是大明星》，2014 年参加央视《出彩中国人》，2015 年上央视春晚。

还有数不胜数的具有其他特长的小萌娃，如演唱各种戏曲的、玩转足球的、3 岁脱盲的、学龄前独立阅读的、熟练擀包子皮和包包子的等。似乎只有大家想不到，没有小萌娃做不到的。

为什么小萌娃能有如此广泛的兴趣以及高超的技能？这些小萌娃是先天遗传的，还是后天培养的呢？很多网友在评论区留言，认为小萌娃的特长都是天生的，是遗传的结果。他们认为，孩子在 3 岁前啥都不懂，家长根本不能教他去做什么或者学习什么，怎么去培养他们呢？

一、早期养育环境轻松造就特长萌娃

看看这些小萌娃的学习经历，就能看出，这些小萌娃既不需要家长花工夫培养，也不完全是由遗传基因决定的。广场舞小萌娃的家长并不是广场舞达人，王恒屹的父母是普通大学毕业，他们并没有诗词爱好，王恒屹从小由喜欢诗词的奶奶带。喜欢书法的小宇博，妈妈只是一个正在学习书法的爱好者而已，这几个特长小萌娃最能证明，他们的特长与遗传无关。

这些特长小萌娃恰恰是由人类大脑发育的特点造就的，是人类自身遗传基因发挥作用的结果（这是其他动物不能与人类相比的地方）。也就是说，人类具有的基因优势可以让每一个孩子都成为特长萌娃。

但是残酷的现实并非如此。并不是每个孩子都能轻松地痴迷某个特长，并且成为终身的爱好。其中最重要的原因就在于家庭的养育方式以及家庭氛围。

家长应该如何养育孩子？如何营造适合孩子健康成长的家庭氛围呢？

以王恒屹为例。王恒屹的父母毕业于普通大学，在外地工作。王恒屹从小由爷爷奶奶带。奶奶除了无比爱孙子之外，还会经常会给王恒屹读韵律性的书，例如《弟子规》《三字经》以及唐诗宋词等，也穿插给他播放歌曲。1 岁半左右，王恒屹就能接上奶奶念出来的诗词。为了让他爱上读书，奶奶买了很多书和识字卡（我们不主张给孩子买认字卡，后面有专门介绍）。不仅如此，奶奶还要求家人不能在王恒屹面前玩手机、玩游戏，在家必须看书，就算拿本杂志做做样子也可以。

王恒屹在这样的家庭环境中成长，养成喜欢读书、背诵诗词的习惯。3 岁可以背诵 100 多首古诗，认识 3000 多个汉字、200 多个国家的国旗，很多歌曲只要播放几秒钟，就能猜出歌名。5 岁能背 490 首古诗词，认识 600 多个英语单词。6 岁会背 580 首古诗词，9 岁达到了 1400 多首。他在享受古诗词的同时，还常常为同学讲诗词中的历史故事。

再看看跳广场舞的小萌娃。我们发现，所有喜欢跳广场舞的小萌娃，都是从小跟着家长去跳广场舞学会的，而不是家长专门请人或自己教的。

即使是具有遗传基因的孩子，他们形成的特长也与从小的生活环境密不可分。例如四川 2 岁多就痴迷投篮的小萌娃，他爸爸是篮球爱好者，从小家人就带他看爸爸打篮球，让他痴迷上投篮。

北京冬奥会冠军谷爱凌凭借高超的滑雪技术，在赛场上圈粉无数，在她公开的资料中显示，她之所以如此热爱滑雪项目，与她妈妈有很大关系。她妈妈在大学期间曾经是北大速滑队员。毕业出国之后，经常兼职滑冰或滑雪教练。她在 3 个月就被带着去冰场，3 岁开始跟着当滑雪教练的妈妈在滑雪场玩，正是妈妈的职业，为她创造了热爱滑雪的环境，最终成为冬奥会世界冠军。

历史上的经典案例还有，莫扎特 3 岁会作曲，毕加索 4 岁能作画，老虎·伍兹 3 岁时就能击出 9 洞 48 杆的成绩。他们都是受到家长职业或爱好的影响，从小耳濡目染，最终成为爱好或者职业。[1] 这些案例都很好地证明，在 0—3 岁期间，孩子们从养育方式(如奶奶经常给王恒屹读诗词)或生活环境中(如听到美妙的音乐、看到滑雪、投篮、跳广场舞、写书法等)耳濡目染的内容，都很容易发展成他们的爱好或特长。如果家长不注意约束自己，经常在孩子身边玩手机、看平板或电视，孩子们自然会在 1 岁多就开始痴迷手机、平板或电视。可见，从零岁开始，孩子就能轻松痴迷上任何周围常出现的项目，不加鉴别，平等对待。

二、萌娃为啥能如此轻松痴迷某特长

萌娃之所以能在养育环境的影响下，轻松培养出爱好或特长，这与 0—3

---

① ［美］凯斯琳·史塔生·柏格尔(Kathleen Stassen Berger) 著：《0—12 岁儿童心理学 (第六版)》，陈会昌译，中国轻工业出版社 2016 年版，第 385 页。

岁脑神经发育的特点有关。

成年人学习新知识之所以慢，主要是大脑神经产生或建立新的联结非常缓慢，即使产生了一些新的联结，也很容易消失（这个会在后面用实验说明）。而0—3岁大脑神经联结非常容易产生，甚至可以用爆发式增长来形容，这一点已经被科学家检测证明。如"在婴幼儿开始爬行之前，科学家检测到婴幼儿大脑区域中飙升的脑电活动与爬行有关"①。大脑神经联结形成回路，才能发出脑电。这些飙升的脑电说明有大量与爬行有关的神经联结已经建立起来了。也就是说，婴幼儿"想"爬行，但是还不会爬行时，就会有大量的与爬行有关的神经联结产生出来，等待随时发挥作用。婴儿笨拙的爬行动作，实际上是使用了更多多余的神经联结。"一旦婴幼儿已经爬行了几个月，并成为熟练的爬行者后，跟爬行有关的神经回路就会变得精简。只有最有效的回路才会被使用，而那些没有被使用的神经回路就会被修剪"②。正因如此，所以"婴幼儿的大脑变成了存储和交换信息的复杂的'高速公路'"③，而那些多余的羊肠小道就会被修剪掉。

可见，婴幼儿只要得到某个信息刺激，想去模仿、想去探索，大脑就会爆发式产生大量的大脑神经联结。一旦婴幼儿的肌肉发育或动作能力让他能够实际进行模仿或去探索，这些联结就能顺畅地传输相应的脑电信息，模仿得越多，这些神经联结就会越稳定、巩固，最后保留下来。没有被使用的多余的联结就会萎缩，即被"修剪掉"。

具有特长的小萌娃，在他们的养育环境中，会经常接收到相应的信息，例如书法小萌娃小宇博从出生就跟着妈妈看书法视频课，看妈妈和哥哥在家练习书法，1岁就开始用毛笔"画字"。这个小萌娃的案例的特殊价值在于给大家证明了早期大脑神经发育的神奇之处，这个神奇之处是：在周岁前多看、多观摩，大脑神经联结竟然也能生长、巩固和稳定。大家都知道用毛笔写字是很困

①　[美]玛丽·简·马圭尔-方（Mary Jane Maguire-Fong）著：《万千教育学前·与0—3岁婴幼儿一起学习：支持主动的意义建构者》，罗丽译，中国轻工业出版社2020年版，第33页。

②　[美]玛丽·简·马圭尔-方（Mary Jane Maguire-Fong）著：《万千教育学前·与0—3岁婴幼儿一起学习：支持主动的意义建构者》，罗丽译，中国轻工业出版社2020年版，第33页。

③　[美]玛丽·简·马圭尔-方（Mary Jane Maguire-Fong）著：《万千教育学前·与0—3岁婴幼儿一起学习：支持主动的意义建构者》，罗丽译，中国轻工业出版社2020年版，第30页。

难的，其中运笔过程要有轻有重、收放有度，这种手法一般成人都不见得能轻易掌握，但是这个3岁小朋友竟然能熟练运用。这种需要体验的力道，竟然也能够在观摩中被萌娃掌握，其背后是大脑神经发育的结果。其他萌娃的特长也同样是与出生后的养育环境有关，如王恒屹从出生就经常听奶奶读诗词，谷爱凌从3个月开始就被抱着去了冰雪场，之后一直跟着妈妈在雪场玩耍。跳广场舞的萌娃被抱着去看广场舞，学会走路的同时就跟着跳。痴迷投篮的萌娃在妈妈怀里就经常去看爸爸打篮球等。在这些信息刺激下，孩子们的大脑神经建立了相应的联结回路，一旦自身条件具备，他们就会模仿、练习。越练习，他们就会越熟练，越熟练他们就越痴迷，形成良性循环。这背后也是大脑联结的变化。越练习，相应的脑神经联结就会越稳定、巩固，传输信息就会越通畅，孩子接受这些项目越轻松、愉悦，就表现出对这些项目的痴迷。

可见，上幼儿园前是大脑神经联结快速增长及大脑潜能得到开发的重要时期。但快速增长的大脑联结并不会全部保留下来，只有那些被不断使用的脑神经联结才会不断得到巩固、稳定，才会被保留下来，没有被使用的则会逐渐萎缩和死亡①，即被"修剪"掉。修剪的好处是节约大脑有限的空间，提高大脑传输效率。如果没有接收到积极有用的信息，有用的大脑联结也会被无情地"修剪"掉，此所谓"用则进，废则退"，即"用进废退"，这是大脑发育的又一特点。

三、萌娃更容易痴迷手机、电视

在现实生活中，孩子似乎很容易就痴迷上了手机、平板或电视等。现在很多家庭出现一种令人欣慰的现象，即全家不看电视。很多家长知道电视对宝宝的副作用，所以很多家庭在宝宝出生之后，全家人都忍住不看电视，甚至孩子3岁前，家里的电视从不打开。但是，令人遗憾的是，很多不看电视的家庭，大人并没有花时间和精力逗引孩子、看书或多运动，而是"抽空"看手机、平板等。特别是不看护孩子的成人，更是在孩子旁边专心地、长时间地看手机或平板。而婴幼儿会时刻全方位地、不加区别地、一心多用地从环境中收集、感受着各类信息，包括身边有人看手机、平板的信息。虽然没有人教他们，但是孩子已经大量地、长时间地接收到看手机、平板的信息。不仅如此，孩子去外

---

① ［美］凯斯琳·史塔生·柏格尔（Kathleen Stassen Berger）著：《0—12岁儿童心理学（第六版）》，陈会昌译，中国轻工业出版社2016年版，第151页。

面玩耍，到处也都能看到盯着手机的成人，日复一日，每天频繁接触到这样的信息，孩子们看到成人看手机的频率远远大于其他行为，就不断强化着孩子对看手机行为的大脑联结，他们就自然而然会痴迷手机、平板。也正因为如此，王恒屹的奶奶让家人都要看书，就是这个道理。

现在很多 1 岁多的婴儿已经开始痴迷手机，有些家长甚至把手机作为"哄娃"神器。这些小宝宝只要拿着手机，就会安静地、专注地、长时间地盯着屏幕。婴幼儿看手机屏幕的结果与看电视类似，会产生很多不良后果：

一是不利于孩子发挥其他感觉器官。如皮肤接触、手摸、鼻闻、嘴咬等功能，感觉器官一旦不能接收到丰富的信息，就会减少大脑建立联结的机会。

二是减少了与人互动、交流的机会，减少了在家长的指导下认识周围真实世界的机会，减少听到家长语言的机会。

三是减少与家长亲密互动的机会，减少激发情感发育的机会，增加了与人交流或交往的障碍等。

四是减少孩子活动或运动的机会。运动不足会导致多方面的问题，例如动作不协调，动手能力低下，学习动作、技术困难；学习能力低、思维不灵敏、唱歌跑调儿、易口吃等，导致孩子挫折感多，缺乏自信心等①。目前市场上的感统训练班，就是专门针对运动不足的孩子开设的。

看手机行为实际上是在减少大脑神经建立丰富联结的机会，是减少大脑产生大量褶皱的机会，非常不利于大脑潜能的开发。不仅如此，长时间盯着手机，对婴幼儿视力的损害，家长都已经很了解，这里不再赘述。这是婴幼儿养育环境塑造大脑的典型负面案例。

著名心理学家、教育家和哲学家、发生认识论创始人皮亚杰认为婴儿在 0—2 岁期间，主要是通过感觉器官接收丰富的信息，了解真实的世界，提高孩子们的智力水平。因此在养育孩子的过程中，就要尽量让孩子的眼、耳等感觉器官接收丰富的信息，开发智力，激发情感，促进孩子全面发展(鼻、舌感官对开发智力潜能的贡献不大，反而对孩子养成挑食等毛病的作用不小)。

正因为如此，家长们应该让 0—3 岁的孩子接触更多积极健康的信息，珍惜孩子大脑神经发育爆发式增长的宝贵时机，让孩子形成积极健康的大脑联结，根据孩子的喜好或选择，形成某方面的"敏感"，进而自然形成特长或爱好，比如说打球、舞蹈、乒乓球、篮球、戏曲、滑冰、滑雪等。

---

① 钱志亮著：《科学的早期教育》，北方妇女儿童出版社 2019 年版，第 180 页。

家长可以根据自己的特长，或者家庭周围环境，让孩子在0—3岁期间，经常去接触或观摩某个项目，这样孩子在3岁左右自然会表现出对某个项目的痴迷。

最后需要特别强调的一点是，不论选择培养什么爱好，都不要忘记每天给孩子讲故事，让孩子养成阅读的好习惯。

这些特长或爱好，只要在3—6岁期间继续巩固，或者接受科学的指导，持续巩固大脑联结，孩子就能在轻松愉快的氛围中成为大家眼里的"特长小天才"。

第三节　天使宝宝是"爱"出来的

每位孩子出生之后，只有在感受到爱的环境中，才能健康成长。无论在世界任何地方，绝大部分家长很爱自己的孩子，但现实生活中家长是否在用"爱"的方式来养育孩子呢？我们先看一个案例。

【案例】：

有位新妈妈在备孕期间通过多种渠道学习了很多早教知识，一心想在自己的宝宝身上进行早教实践。遗憾的是，宝宝出生后就开启了"吃睡哭"模式：睡觉一定要在妈妈怀里才能睡踏实。即使放在床上，也需要妈妈搂着或陪着。相比其他宝宝，这位宝宝被搂抱的时间相对更长。姥姥心疼女儿，说宝宝哭一哭没事，还能锻炼肺活量，总是抱着反而会把孩子惯坏了。但是宝宝撕心裂肺的哭声，让宝妈不忍心不去管。她觉得只要抱着能让宝宝不哭，她多辛苦一些也心甘。就这样抱了3个月，宝宝哭的时间开始明显减少，能自己睡觉了，白天也笑得很开心。更令人欣慰的是，在5个月大时，宝宝开始挣扎着不让人抱，要自己在垫子上翻身、趴着玩，还努力练习爬，不像之前那样总是黏着人。即使这样，宝妈仍然耐心地关照着宝宝的反应，及时回应宝宝的各种要求。

功夫不负有心人，在这位宝妈的精心抚育下，这位宝宝越来越好养，半岁之后基本就正常了，很少哭闹，也爱笑了，在社区还经常笑嘻嘻与人打招呼。语言方面的表现更是突出，9个月时能清晰叫出爸爸妈妈，1岁1个月的时候，能接诗词儿歌的最后1个字；1岁4个月就能整句背诵诗词

(这是很多宝宝做不到的)，1 岁 7 个月，能说出长达十几个字甚至更长的句子，和家长对话完全无障碍。

重要的是，宝妈在家的时候，总是想方设法地和宝宝多说话，没话说的时候，就给宝宝念儿歌、诗词、讲故事等。下楼玩，也是看到什么就给宝宝介绍什么，引导宝宝认识周围目之所及的一切。

案例中宝妈的做法堪称是教科书式的再现，特别是面对爱哭的"难养型"宝宝，她的养育方式特别值得借鉴和赞赏。因为她的做法让宝宝感受到爱的同时，还开发了宝宝的智力和情感。

一、"多抱"会不会惯坏小宝宝？

抱抱是让孩子感受到爱的重要方式之一。但是宝宝爱哭是求抱抱的"手段"？还是身体不适的表现？家长应该多抱抱？还是放任哭泣？"多抱"会不会惯坏小宝宝呢？

孩子哭要不要抱，首先需要确认宝宝的年龄是在哪个区间。有三个关键年龄节点，半岁之前、半岁到 2 岁、2 岁之后。如果是半岁以后的宝宝，他们的哭就开始逐渐有一定的目的性，到 2 岁之后，就开始具有明确的目的性，对待宝宝的方法就要有所区别。

世界著名早期教育专家，哈佛大学"哈佛学前项目"总负责人伯顿·L. 怀特在书中写道："宝宝在满五个半月之前是因为不适而啼哭。而第三阶段后期(即五个半月)的宝宝开始为了吸引别人的注意而啼哭"，即"为获得陪伴而故意啼哭"。① 因此，在正常情况下，半岁前的宝宝，他们哭闹一般都是由身体不适引起的，如果家长多抱抱能缓解宝宝的痛苦或安慰宝宝的情绪，减少他们的哭闹，这是最让家长感到欣慰的事情。特别是一些早产宝宝，他们身体发育不完善，出生后总会有一些莫名其妙的不适感，家长抱抱能让宝宝得到安抚，这是最简便易行疗愈宝宝的手段。因此，半岁前的小婴儿爱哭，家长千万不要犹豫，也不要纠结，一定要第一时间哄，"先哄后抱"，哄了还是哭，就直接抱。

我们平时说"哄孩子"，其含义并不是欺骗孩子，而是要及时回应宝宝，

---

① ［美］伯顿·L. 怀特著：《从出生到 3 岁》，宋苗译，北京联合出版社 2016 年版，第 71 页。

耐心地陪伴、逗引或解除他们的不适感(饿了、尿不湿脏了，求安抚等)，满足他们的各种需要。特别是哄婴幼儿不仅需要极大的爱心、耐心，而且要让宝宝体会到家长对他的爱，让宝宝产生归属感和安全感等。

这样宠着宝宝，会不会把他们惯坏呢?

案例中的宝宝在宝妈坚持抱了 3 个月之后，哭声就开始减少，到 5 个月大时，就开始主动要自己在垫子上玩，不再粘着大人了。可见，多抱并不会把爱哭的小婴儿惯坏。这个案例进一步佐证了学者的研究结论，即及时回应、多关注、多抱小宝宝，会让他们对外界产生安全感、信任感，他们会更好哄，更不爱哭，更能独立地面对外界。

二、"不理"对宝宝的伤害更大

一些年轻家长信奉"哭声免疫法"的养育理念。认为婴儿"哭了不要抱，不哭才抱"以及"哭了不要理，过一段他自然就不再哭了"。这种方法在现实中确实很灵验，似乎还能减少家长的辛苦。很多老一辈家长也认同这种理念，只是说法不同而已。他们认为小婴儿"哭一哭是锻炼身体，让哭一会儿，以后就不哭了""一哭就抱还会把宝宝惯坏，让宝宝更爱哭"等。事实上，这种做法对孩子造成的伤害是无法弥补的。对于半岁前的小婴儿来讲，如果哭几分钟没有人理，对他来讲就是漫长的几个世纪。(假如你老公明知你生气了，但是就是故意不理你，你是啥感觉? 如果你气哭一分钟，老公在旁边仍然不理你，你又是啥感觉?)婴儿不仅会感到时间非常漫长，还会感到自己不被爱、不受欢迎、自己没人管，外界是不可信任的，甚至会感到自己的天都要塌了。因为他太弱小了，没有任何生存技能，哭声是他唯一求助的手段。当看护人不理会他的哭声时，会让他感到很无助甚至是很绝望。当他感到绝望之后，他就不再哭闹了。研究发现，孤儿院的小婴儿在前 6 个月看起来似乎完全正常，"他们用哭声引起注意，对保育员微笑，喃喃自语，在被抱起时做出恰当的姿势。但在 6 个月以后，他们的行为发生了变化。此时他们很少哭，很少发出咕咕声和咿呀声。保育员抱他们时，他们显得僵硬，不能很好地做出适宜的身体姿势。他们常常显得忧郁，对社会接触缺乏兴趣"。① 把在孤儿院生活过 1 年和 3 年的被收养孩子进行比较，并分别在他们在 3 岁半、6 岁半、8 岁半和 12 岁进行跟踪

---

① ［美］戴维·谢弗著:《社会性与人格发展》(第 5 版)，陈会昌译，人民邮电出版社 2012 年版，第 166 页。

研究，发现："在孤儿院待 3 年的孩子，其发展的所有方面都滞后于那些在孤儿院只待 1 年的儿童。他们的 IQ 测验分值更低，社会性不成熟，更依赖成人，语言技能差，容易出现攻击和多动这样的行为问题。到青少年早期，他们变得不合群，跟同伴儿或收养家庭成员的相处较困难。"①

但是这种"哭了不抱"的养育方式，曾经得到行为主义心理学创始人华生的理论支持。华生当年曾经提出，"千万不要紧紧地抱着他（孩子），搂着亲吻他，让他在你的怀中赖着不动。如果真的想亲吻孩子，就在跟他说晚安时亲吻他的额头一下就可以。早晨起床后可以和他握握手"②。甚至提出"必要时母亲应该离开孩子一段时间，而且时间可以长一些"。③

他这些观点引起了另一位心理学家的质疑，这就是著名的心理学家哈利·哈洛。他用恒河猴试验证明：小婴猴的健康成长需要母爱。而母爱的本质，绝对不是简单的满足他们饥饱需求。在哈洛的实验中，"有奶就是娘"并没有得到小婴猴的认可。小婴猴健康成长更需要母爱以及与母猴的接触，即在需要的时候，及时得到母猴的拥抱、抚摸、亲昵等④。

当然，哈洛实验也引起一些争议，这些争议在于那些在实验中失去母爱的猴子，长大之后都不能正常与其他猴子交往、交配、抚养后代，不能进行正常的生活。认为实验人员对这些实验用小猴子不人道，让它们终身残疾。

不论是哈洛的恒河猴实验还是前面提到的"孤儿院实验"中的孩子们，他们的表现都证明感受到母爱是孩子们健康成长的基础，这与人类大脑发育的机制有关。0—3 岁是孩子大脑快速发育的时期，这种哭了没人理的绝望经历，会在大脑联结中留下痕迹。这种痕迹表现为大脑神经联结会让绝望、抑郁的基因得到充分表达（发育）关闭快乐基因的表达机会。如果宝宝一直在这种环境中被养大，不仅会给孩子埋下抑郁、悲观等心理疾患的种子，还会造成智力上

---

① ［美］戴维·谢弗著：《社会性与人格发展》(第 5 版)，陈会昌等译，人民邮电出版社 2012 年版，第 166 页。

② ［美］约翰·华生著：《行为心理学 2》，刘霞译，机械工业出版社 2015 年版，第 95 页。

③ ［美］约翰·华生著：《行为心理学 2》，刘霞译，机械工业出版社 2015 年版，第 95 页。

④ ［美］戴维·谢弗著：《社会性与人格发展》(第 5 版)，陈会昌等译，人民邮电出版社 2012 年版，第 146 页。

的伤害，"孤儿院实验"①和"罗马尼亚孤儿院事件"②已经充分证明了这一点。

回过头我们再看看华生自己的 3 个孩子，他们长大成年后都有不同程度的抑郁症，他们都有过试图自杀的经历，其中一个儿子 30 岁自杀身亡。

华生的"哭声免疫法"不仅让自己的孩子成为受害者，而且也让当时美国无数家庭和孩子成为受害者。哈洛实验虽然受到道德谴责，但是他的实验结论，却拯救了无数美国的家庭和孩子们。

如果现在的家长们为了减少自己的辛劳仍然信奉"哭声免疫法""哭了不要抱"的观点，而不理会哭闹的小婴儿，就会对宝宝产生巨大伤害，这种伤害有可能影响孩子一生。

三、丰富语言开发宝宝的潜能

案例中的宝妈始终爱心满满地，耐心、敏感地"哄"着宝宝。正如上述所说，她不仅非常理解宝宝的不良感受，及时安抚宝宝，及时回应、轻拍或搂抱她，减少或解除她的痛苦，满足她的需要，还积极乐观地与她多互动，提供更丰富的信息刺激。宝妈充满爱心和耐心的"哄宝大法"，让宝宝慢慢进入正常发育宝宝的行列。

在这个案例中，特别值得大家借鉴的养育方法是，这位宝妈与宝宝"交流"得特别多。刚出生的宝宝属于"耳聪目不明"，他们听力很发达，但是视力还没有发育成熟。宝宝最喜欢的照料方式之一就是得到及时回应，甚至是同步回应。其实，每位家长都会及时回应宝宝，与宝宝进行同步互动，但一般情况下，宝妈们更多采用简单的语言回应宝宝，如哦——。但是这位宝妈会在哦——之后加上丰富的"甜言蜜语"。如"哦——，宝贝是妈妈的心肝""哦——，宝贝现在就会和妈妈聊天了""哦——，宝贝让妈妈太幸福了"。或者描述宝贝现在状况，如"哦——，宝贝吃饱""哦——，宝贝舒服了""哦——，宝贝心情特别愉快""哦——，宝贝就想和妈妈聊聊天"等。不仅如此，还适时地将诗词、儿歌和故事经常穿插在回应宝宝的哄娃生活中，这就让她的宝宝比其他婴儿听到了更多、更丰富的语言（语言包括口语和书面语言，

---

① ［美］詹姆斯·汉斯林著：《社会学入门》，林聚仁等译，北京大学出版社 2007 年版，第 65-66 页。

② ［美］戴维·谢弗著：《社会性与人格发展》（第 5 版），陈会昌等译，人民邮电出版社 2012 年版，第 166 页。

特别是丰富的书面语言），而丰富的语言正是开发婴幼儿潜能的重要工具。在《父母的语言》一书中，作者通过案例总结道：语言"在最初的三年内，除了有助于构建词汇与交谈技能，语言还为社交、情感以及认知能力的开发奠定了基础"。①

正因为这种特殊的养育方式，她的宝宝在 1 岁 4 个月时，就能在家长的引导下背诵"春晓""咏鹅"等诗词。这里说的背诵，不是仅仅接最后一两个字，而是背诵诗词全句。有经验的家长都知道，1 岁 4 个月的孩子，一般只能说出一两个字，很难说出 5 个字的句子，而这个宝宝不仅能背出 5 个字的诗句，还能用长句子与家长沟通。这都得益于这位宝妈在安抚宝宝时，跟宝宝多说（口语和书面语言），让宝宝多听。

很多家长将爱哭的孩子当作负担，或者自己被哭声搞得心烦意乱，甚至对宝宝生气、发脾气。而这位宝妈正是利用宝宝需要更长时间陪伴、安抚的机会，给宝宝提供了能听到更多、更丰富语言的环境，使宝宝的语言能力超前于同龄宝宝。这种超前的语言能力，实际上是宝宝智力水平大大超前于同龄孩子的表现。

更神奇的是，这个宝宝竟然还会诗词"创作"。在不到 1 岁 8 个月的时候，在动物园看到大象表演，她就不断重复说："宝宝，宝宝，看大象，大象正在撞轮胎。"1 岁 9 个月的一天晚饭后，她坐在儿童餐椅里，扭头看着姥姥家的猫，自言自语地大声重复着："快来瞧，快来看，我们全家看看猫"。

这些表现都是宝妈利用自家娃难哄，自己需要更长时间陪娃、哄娃的机会，为娃提供了更多、更丰富的语言的结果。这个案例再次证明，用丰富的语言敏感及时回应和安抚宝宝，不仅能为宝宝创造丰富的语言环境，还让宝宝感到母爱随时在线、关注时刻在线，切实感受到安全感和归属感，让这个爱哭的"难养型"宝宝在不到 2 年时间就成为各项指标超越同龄孩子的"天使宝宝"。

◎心理学知识链接

1. 哈罗的恒河猴实验②

哈利·哈洛将刚出生的小恒河猴和猴妈妈隔离开，做了两个代母猴：

---

①　[美]达娜·萨斯金德（Dana Suskind）、[美]贝丝·萨斯金德（Beth Suskind）、[美]莱斯利·勒万特-萨斯金德（Leslie Lewinter Suskind）著：《父母的语言：3000 万词汇塑造更强大的学习型大脑》，任忆译，机械工业出版社 2017 年版，第 55 页。

②　[美]戴维·谢弗著：《社会性与人格发展》（第 5 版），陈会昌等译，人民邮电出版社 2012 年版，第 166 页。

一个是能提供奶水的"铁丝母猴"，另一个是柔软的"绒布母猴"但是没有奶水。

出乎意料的是，小猴只在饥饿时才去找"铁丝母猴"喝奶，而大多数时间都在"绒布母猴"周围玩耍，困了就趴在它身上睡觉；如果受到惊吓，小猴第一时间会扑到绒布母猴身上，并紧紧抱住它，而不是有奶的铁丝猴身上。看来有奶的"铁丝母猴"并没有被小猴认为是"娘"，而柔软的"绒布母猴"更像是小猴子选择的娘。

这一经典的心理学实验证明了体会到爱的重要变量：柔软的接触，接触带来了安慰。安慰感才是小猴产生爱、体会到爱的最重要元素。

后期的实验证明，这些猴子长大后，没有正常的社交能力，出现抑郁、自闭行为。有些在回到猴群后，甚至绝食而死。他们也不能与异性进行正常的交往、交配，被强迫怀孕生子后，他们没有母性，不会照料后代，他们会忽视、虐待甚至杀死幼猴。

可见，从小没有被母猴抚养、与猴群隔离长大的猴子，不能正常与其他猴交往或融入社会。

这个用动物研究的结论也支持了孤儿院实验的结论。

2. 华生的理论和实践

著名的行为主义心理学派创始人华生提出，"千万不要紧紧地抱着他（孩子），搂着亲吻他，让他在你的怀中赖着不动。如果真的想亲吻孩子，就在跟他说晚安时亲吻他的额头一下就可以。早晨起床后可以和他握握手"[1]。甚至提出"必要时母亲应该离开孩子一段时间，而且时间可以长一些"[2]。

华生的3个孩子长大成年后都有不同程度的抑郁症，都曾经试图自杀，其中一个儿子30岁自杀身亡。

华生的"哭声免疫法"不仅让自己的家庭而且也让当时美国的无数家庭成为受害者。

如果现在的家长们为了减少自己的辛劳仍然信奉"哭声免疫法""哭了

---

① [美]约翰·华生著：《行为心理学2》，刘霞译，机械工业出版社2015年版，第95页。

② [美]约翰·华生著：《行为心理学2》，刘霞译，机械工业出版社2015年版，第95页。

不要抱"的观点，而不理会哭闹的小婴儿，就会对孩子产生巨大伤害。这种伤害有可能一直影响着孩子的一生。

第四节 明星的"另类"育儿法不另类

【案例】：

> 有位明星在节目中说：他儿子上学之后，他就给他儿子说，不允许他考 100 分，考 100 分就揍他。他说当年老师请他去学校，就让他妻子去。其他嘉宾说：人家老师要重视学习成绩的。他还说：幸亏当年他没有让他儿子学习，周末就是带着他到处玩，所以他们父子关系特别好。

> 当然，他儿子完美传承了这位明星父亲的表演风格，目前也是一位很受观众喜爱的演员。

这个案例好像是在表达两个观点：一是家长要想与孩子保持亲密的亲子关系，就不能关心孩子的课业学习。似乎只要关心孩子课业学习，就会破坏亲子关系。二是他儿子表演事业发展得不错，是他当年不让他儿子好好学习的结果。

事实真的如此吗？这位明星成功育儿是另辟蹊径，还是与家庭教育方法契合？这个案例对大家有什么启发或借鉴意义呢？

从表面上看这位明星的育儿方法非常"另类"。特别是目前家长普遍都非常关注孩子课业学习的背景下，这位明星的"说法"就特别能抓眼球，与他的表演风格如出一辙。

但是他所谓的儿子目前在表演上的成功，是他从不督促孩子学习，甚至是不让孩子好好学习的结果，这就有点牵强附会了。其实表演成功与否和在学校是否用功学习功课之间并没有因果关系。因为还有一位相声明星，也是让自己的孩子 15 岁时就退学从艺，现在也发展得很好。但是这个孩子当时的学习成绩并不差，当时还计划出国去读导演系，为此还专门报了雅思班学英语。只不过是对未来事业选择的决定，让他决定集中全部精力在从艺上。

我们认真分析前一位明星的情况就会发现，他的做法实际是一堂非常优秀的家庭育儿示范课。只是他教孩子的不是读书学习，而是表演技艺。表面上看，他完全不管孩子的学习，上学后老师请家长他也不去，还故意不让孩子考满分，他只是带着儿子到处玩。但是他的做法恰恰是教孩子学习表演的科学做法，完全符合早期家庭教育的特征。正因为如此，儿子才能在轻松的环境里学会表演，为他儿子日后事业发展打下了深厚的表演功底。

一、明星育儿有妙招

这位明星到底运用了什么妙招，轻松教儿子学会了表演呢？他的做法有两个突出特点：

一是耳濡目染、潜移默化。与保持孩子亲密关系，创造接触学习表演的环境。这位明星无意中抓住了孩子早期学习的特点，即只要为孩子创造多接触某项内容的环境，孩子就会自动喜欢上这项内容。就像孩子生活在周围人频繁看手机的环境中，他就会无意中喜欢上玩手机一样，这都是环境影响的结果。这位明星心里很清楚，他的表演风格是独一无二的，他本人就是儿子的活教材。只要他儿子愿意亲近他，愿意经常和他腻在一起，就能经常接触到"活教材"的一举一动，见得多了，孩子就会喜欢模仿他。他还很"巧妙"地把孩子不喜欢的事情让妈妈去处理，他只和孩子保持亲密关系。这样儿子就能开心地跟着他，时刻围着他、模仿他，孩子就在无意中，学习和传承着他的表演技艺，这也让他儿子传承了其他演员很难具有的表演"童子功"。

二是教者有意，学者无心。为了创造轻松愉快的学习环境。他带着孩子看似到处去玩耍、游戏，实际上他与孩子在玩耍、游戏中，随时都在共同创造和表演着各种生活情景剧。让孩子在游戏玩耍中扮演着各种角色，他配合孩子，孩子也开心和他合作，在不知不觉中学习了表演。真正做到了"教者有意，学者无心"。

可以说，这位明星周末就带着儿子到处玩，让儿子开心，从某种角度看，是为儿子学习表演创造着不同的表演素材和背景，他们会随时将表演融入不同的生活情景。这和我们普通家长带着孩子开心玩，效果是不一样的。

二、表演技能高低与学业无关

这位明星认为，他儿子目前之所以发展不错，与他当年不让孩子读书学习有关。实际上，孩子表演技能高低和学习成绩好坏并没有因果关系。

读书和表演是两种技能。在学龄前，这位明星只教他儿子表演，并没有教他读书。因此他儿子上学后，不爱读书，功课一般，属于正常现象。他儿子一直喜欢表演，成功传承了明星父亲的表演技能也属于正常。就像技术高超的杂技明星，其表演技能只与从小是否刻苦练功有关，与上学后爱不爱读书、成绩好不好没有关系一样。如果学龄前教孩子练功的同时，家长也注意给孩子读书讲故事，孩子就会既喜欢读书，也喜欢练功。只是这位明星家长只注重表演学习，没有注重给孩子创造读书学习的环境，所以孩子上学之后，才不喜欢学习。因此，学龄前学习包含着读书学习和其他技能学习。

从某种意义上说，喜欢读书学习也是一种技能而已。爱读书的人，只是掌握了读书技能，擅长从书本上学习或获取知识，读书成为他的特长或爱好。就像具有表演、滑雪、打篮球、踢足球、乐器、音乐、做饭、经商等技能一样。

社会发展过程中，需要各种技能，除了表演这种技能之外，还有绘画、乐器、体育、经商等各种技能。学习所有技能都可以像这位明星一样，给孩子创造轻松的环境，让孩子从小开始学习，甚至从出生就开始多接触，开始学习。

与其他技能相比，读书学习的最大优势在于它是获取更多知识或信息的工具或桥梁。正因为如此，自古以来，读书这个特长就显得尤为重要。此外，孩子在成长过程中，成本最低、最易获得的渠道也是在学校读书学习，因此，读书学习这个技能就显得格外重要。

并非所有的技能培养，都需要以爱读书、成绩好为前提。例如杂技需要从小练童子功，孩子不识字读书也能练习成才，成为出色的杂技演员，学习表演技能也是如此。所以这位明星儿子的表演技能出色，并非他父亲不让他读书学习的结果，只是他从小学习表演的结果。

但是这位儿子如果要超越明星父亲，让节目内容更加丰富、精彩，更加有质量，这就不仅仅需要表演技能，还需要深厚的文化功底，这就与读书学习的能力有关。这又回到之前那位相声明星那里，他自己虽然学历很低，但是酷爱读书。他自己说过："艺人可以没有文凭，但不能没有文化，可以不上学，但不能不读书。"

三、明星的育儿方法符合早教规律

这位明星父亲用轻松愉快的方式教儿子学习表演，这个方法值得我们大家借鉴。如果他将这种方法运用到教孩子读书学习上，孩子上学之后一定会喜欢读书学习，成绩也肯定优秀。

遗憾的是这位明星并不知道自己的方法有什么特点，虽然误打误撞符合孩子早期学习的特征，让儿子轻松学会了表演，但是他无法将自己的方法复制到让儿子爱上读书或发展其他特长上。所以，作为家长，我们更需要了解孩子学习的特征。

第一，孩子只跟最亲近的人学习。

大家都知道，1 岁多的小婴儿见到生疏的人就会大哭，无论这个人说什么、做什么，他都只想远离这个人。孩子最爱听他最亲近人的话。由妈妈照料的婴幼儿都会对妈妈特别亲近，只要在妈妈怀里，不论妈妈说什么，和他一起做什么，对他来讲都是如沐春风、幸福无比。这也是家长引导孩子，进行早期家庭教育的最好氛围和时机。所以让孩子与自己亲密无间，是这位明星父亲最明智的选择。因为只有这样，才会全神贯注地关注他的一举一动，一颦一笑，愿意模仿他。这位明星父亲给孩子搞笑、逗乐，实际上就是在给孩子示范表演技艺，在亲密中，孩子轻松学会了表演。

在这种亲密的氛围中，如果家长搂着孩子，拿着书给他念诗词、儿歌、讲故事等，孩子也会幸福地享受。孩子本意是在专心享受着和爸爸妈妈（或爷爷奶奶等）在一起的亲密接触，听故事、儿歌、诗词等都是顺便得到的副产品。但是孩子们早期大脑发育的特点，就会让他们对这些看似无关的内容形成敏感，进而喜欢上这些内容。

第二，孩子只在轻松氛围中学习。

大家可能都碰到过这种情况，没有一个家长可以让一两岁的孩子记住某个东西，或学习某个动作。就算是一个三五岁的孩子，如果用命令的方式让他记住某些学习内容，孩子也会很抵抗，以失败告终。在这种情况下，有些家长就会想当然地认为自家孩子不是学习的料，其实每一位孩子都能在学习上做得很棒，但是错误的方法会与孩子记忆或学习的特点相冲突。

学龄前孩子最显著的一个特征是不能接受任务式记忆，但却具有很强的记忆力。也就是说，家长不能让 3 岁之前的孩子在规定的时间内背会一首诗，但是他们却能在无意中背会大量的诗词。这就需要运用无意记忆或学习的方式。案例中的明星父亲看似不管孩子的学习，但是他在与孩子玩耍中，时刻在教孩子表演技能，即在玩耍中教，在游戏中学，教者有心，学者无意。因此，这位明星父亲不经意间将早期教育的方法灵活地运用到教儿子表演技能上。遗憾的是，他没有兼顾将这种方法，运用到教儿子读书上，要不然老师请他去学校，一定是请他介绍经验的，而不会因为孩子成绩不好而请他的。

所以在学龄前以及小学低年级，家长和老师一定要为孩子们创造轻松愉快的学习氛围，才能让孩子们在玩耍、游戏等轻松氛围中学习到更多。

第三，学龄前孩子具有超强学习能力。

学龄前孩子，特别是0—3岁的孩子不仅特别热爱学习，还具有超强的从环境中学习的能力。

其中超强学习能力的典型例子是，只要生活在正常的环境中，绝大部分孩子通过默默地听和观察都能在2岁前自己学会母语，这种学习能力是一般成人无法比拟的。即使最优秀的大学生，学习一门外语也要花费四年甚至更长时间，但是他们最终也很难形成像母语一样的思维。如果孩子们生活的环境中同时使用两三种语言（例如很多移民家庭的孩子至少会两种语言），他们还能同时掌握这几种语言，而且能在这几种语言之间无缝切换。冬奥会冠军谷爱凌就在生活中熟练掌握了中英两种语言。可见，与成人相比，婴幼儿具有多么强大的学习能力。

孩子们学习的一个突出特点是，只要生活环境中频繁出现的内容，他们都能轻松学会。正因为如此，案例中的明星为儿子创造了学习表演的生活环境，他的一举一动、一颦一笑都成为儿子模仿的内容，所以他儿子就在不知不觉中传承了他的表演技艺。

学龄前学习其他内容也一样。家长只要用心给孩子创造相应的学习环境，孩子就能朝着家长期望的方向发展，这也是孟母三迁的根本原因。正因为如此，注重读书学习的王恒屹的奶奶，不仅自己经常给王恒屹读诗词、讲故事，还要求家庭成员在孩子面前不能玩手机，只能读书。所以王恒屹一直痴迷诗词和读书，这就是孩子们在相应环境里超强学习能力的表现。

第四，抓住时机最重要。

孩子们的这种超强学习能力不会持续伴随孩子一起成长。随着孩子年龄增长，这种轻松从环境中学习的超强能力就会逐渐减弱，直至消失。这种现象与孩子在学龄前大脑快速发育的特点有关，这个时期也被称为敏感期。

孩子们在敏感期具有超强的学习能力已经被很多学者所证明。孩子们的智力潜能、情感发育以及心理健康能否正常发展，都与孩子在0—3岁以及3—6岁两个阶段是否用心养育和陪伴有关，上述多个例子都证明了敏感期用心养育和培养的重要性。

如果错过生命早期这段宝贵时间，以后再学习某个技能（如表演、滑雪、打篮球等）或养成某个习惯（如爱读书的习惯），就比较困难。这也是为什么建议家长在学龄前一定要多陪伴孩子的原因所在。

第三章 互动中开发智力

第一节 3岁前互动有技巧
——与0—3岁宝宝多说的重要性和方法

【案例】:

　　最近去看望一位新宝妈和小宝宝,家里请了一位资深月嫂,这位月嫂很专业,很会和小宝宝聊天。例如宝宝在吃母乳的时候,我们在旁边说着宝宝的情况,宝宝这时吭哧一声,这位月嫂马上说:"哦,好好吃奶,没有说你,是夸你呢,夸你吃奶吃得好,晚上也不闹人,夸你懂事,可体谅妈妈了。"再例如,宝宝睡醒了,她抱着宝宝让我看看,就会说:"宝宝睡醒了,睁开眼睛看看。看我们家来客人了,奶奶来看你了。我们小宝儿可懂礼貌了,知道要和奶奶打招呼。你看小宝盯着看奶奶呢,不认识奶奶哈,多看看奶奶,你就记住奶奶了哈(其实月龄宝宝看什么都是无意识的)。让奶奶看看我们小宝,长得多帅,多疼人的。"小宝宝这时眼睛又转到她那边,月嫂接着说:"这会儿想起姥姥(月嫂本人)了,我们小宝这情商,谁都要照顾到,还知道安慰一下姥姥的情绪。"这些看上去有些"啰里啰唆"但充满爱意的话语,既让孩子接收到大量语言的刺激,也让大人听着很舒服。宝宝虽然听不懂,但是他能感受到周围温馨、愉快的氛围。

一、为什么要给婴儿多说话?

家长会很奇怪,刚出生的小宝宝啥都听不懂,为啥要给他们多说话呢?

简单一句话,与宝宝多说话是让宝宝变得更聪明,学习能力更强,以后上学更顺利的重要方式。

我们要与宝宝多说包括说两类话语(语言)，一是口头语言，二是书面语言，即给宝宝念诗词、儿歌，讲故事等，因为丰富和高质量的语言主要来自书面语言。

与宝宝多说话有什么好处？

(一)开发大脑潜能

大脑神经只有联结起来才能发挥作用，这种联结需要信息刺激。大量研究表明，0—3 岁期间，所听语言的数量和质量是塑造孩子大脑的神奇工具。早在 20 世纪 70 年代贝蒂·哈特与托德·里斯里等一批学者的研究结论就验证了这一结论。

传统观点认为，龙生龙、凤生凤。家庭社会经济地位低的孩子的学业成绩、职业地位普遍低于家庭社会经济地位高的孩子，是由于家庭收入、父母文化水平、父母的职业地位等家庭社会经济地位造成的①。

研究统计发现，从语言数量上来讲，高收入家庭平均每小时给孩子说 2000 个单词，回应孩子 250 次，而低收入家庭平均只说了 600 个单词，回应 50 次。到 3 岁时，两类家庭的孩子，累计听到的单词总量相差 3200 万。安妮·弗纳尔德教授研究发现：2 岁前听到话语(词汇量)的多少，将影响婴幼儿处理语言的速度或技能，而语言处理速度将极大地影响孩子的学习能力。进一步的研究发现，这两类家庭的孩子在 2 岁时，在词汇量和语言处理技能上存在 6 个月的差距②。在孩子成长过程中，优势和劣势的叠加、累积，将拉大孩子间的差距。"没有这种优势的人所承受的损失是不可估量且永久的"。③

从质量上来讲，高收入家庭的语言环境更温馨。家长与婴幼儿像演奏"二重奏"或进行"社交舞蹈"④一样进行亲密、温柔、和谐的语言交流，如"妈妈

---

①　[美]达娜·萨斯金德(Dana Suskind)、贝丝·萨斯金德(Beth Suskind)、莱斯利·勒万特-萨斯金德(Leslie Lewinter Suskind)著：《父母的语言：3000 万词汇塑造更强大的学习型大脑》，任亿译，机械工业出版社 2017 年版，第 33-35 页。

②　[美]达娜·萨斯金德(Dana Suskind)、贝丝·萨斯金德(Beth Suskind)、莱斯利·勒万特-萨斯金德(Leslie Lewinter Suskind)著：《父母的语言：3000 万词汇塑造更强大的学习型大脑》，任亿译，机械工业出版社 2017 年版，第 43 页。

③　[美]达娜·萨斯金德(Dana Suskind)、贝丝·萨斯金德(Beth Suskind)、莱斯利·勒万特-萨斯金德(Leslie Lewinter Suskind)著：《父母的语言：3000 万词汇塑造更强大的学习型大脑》，任亿译，机械工业出版社 2017 年版，第 43 页。

④　[美]达娜·萨斯金德(Dana Suskind)、贝丝·萨斯金德(Beth Suskind)、莱斯利·勒万特-萨斯金德(Leslie Lewinter Suskind)著：《父母的语言：3000 万词汇塑造更强大的学习型大脑》，任亿译，机械工业出版社 2017 年版，第 37、39 页。

的臭宝贝是谁呀?"并且家长更多地使用赞美或肯定的语言,如像月嫂夸孩子"懂礼貌""情商高""会照顾人"等。在日常口语中,大家夸孩子的口头语是"你真能干!""你做到了!""很好!"等,这类语言不仅增加了对话的复杂性,增加了孩子的自信心和信念,更重要的是"进一步加强了孩子智力的发育。"①。而低收入家庭因为各种原因,更多地用不耐烦、生气、严肃的神情或语气对孩子说话,例如有些家长会很不耐烦地对月龄宝宝说:"怎么又哭了""真烦死人了""就知道哭,还让人睡觉不?"甚至有些家长因为婴儿哭而伤害婴儿。如果是大一些的孩子,他们经常会说:"你真笨!""你干啥都磨磨蹭蹭的!""你啥都做不好!""永远都成不了事!"等消极性语言。这些语言会极大地消磨掉孩子的自信和信念。日常交流也经常使用命令性语言如"不许动""坐下""睡觉去""安静"等,这些话语很难让孩子体会到家长的温情和爱意,也很难让孩子与家长建立起情感连接。

统计发现,与高收入或脑力劳动者家庭的孩子相比,低收入家庭的孩子在3岁时累计听到的词汇不仅少于3200万②,而且消极词汇是积极性词汇的2.19倍③。

难道低收入家庭的孩子就一定比高收入或者脑力劳动者家庭的孩子学习能力低下吗?研究发现,真正影响孩子智力水平、上学后的学业成绩以及长大成人之后取得长远成就的重要因素是0—3岁听到多少话(语言的数量)以及听到什么话(语言的质量)④。大量研究证明,"社会经济水平、种族、性别、出生顺序等都不能成为影响孩子学习能力的关键因素"⑤。这一观点彻底颠覆了传

---

① [美]达娜·萨斯金德(Dana Suskind)、贝丝·萨斯金德(Beth Suskind)、莱斯利·勒万特-萨斯金德(Leslie Lewinter Suskind)著:《父母的语言:3000万词汇塑造更强大的学习型大脑》,任亿译,机械工业出版社2017年版,第39页。

② [美]达娜·萨斯金德(Dana Suskind)、贝丝·萨斯金德(Beth Suskind)、莱斯利·勒万特-萨斯金德(Leslie Lewinter Suskind)著:《父母的语言:3000万词汇塑造更强大的学习型大脑》,任亿译,机械工业出版社2017年版,第32页。

③ [美]达娜·萨斯金德(Dana Suskind)、贝丝·萨斯金德(Beth Suskind)、莱斯利·勒万特-萨斯金德(Leslie Lewinter Suskind)著:《父母的语言:3000万词汇塑造更强大的学习型大脑》,任亿译,机械工业出版社2017年版,第40页。

④ [美]达娜·萨斯金德(Dana Suskind)、贝丝·萨斯金德(Beth Suskind)、莱斯利·勒万特-萨斯金德(Leslie Lewinter Suskind)著:《父母的语言:3000万词汇塑造更强大的学习型大脑》,任亿译,机械工业出版社2017年版,第33-35页。

⑤ [美]达娜·萨斯金德(Dana Suskind)、贝丝·萨斯金德(Beth Suskind)、莱斯利·勒万特-萨斯金德(Leslie Lewinter Suskind)著:《父母的语言:3000万词汇塑造更强大的学习型大脑》,任亿译,机械工业出版社2017年版,第31页。

统的认识。

《你的孩子也能进北大》[①]的作者儿子当当熊被保送上了北京大学。她在书中详细介绍了如何开发儿子智力的做法。她在书中写道："当当熊出生后，我就不停地和他说话。无论我做什么，都要慢慢地跟他说，把他当作一个能听懂话的人，向他解释我所做的一切。'来咯，妈妈来抱你''宝宝喝水''我们出去玩儿吧''这是铃铛''好看的花儿'。尤其是当当熊渐渐长大，白天不需要长时间睡觉的时候，我会在他精神状态比较好的时候，带他去安静的地方，轻声念儿歌、念古诗给他听。"十一个月时当当熊就能接龙诗词的最后一个字。这位妈妈从孩子2岁半到上6岁上小学前，每天都会花整整1小时时间，用丰富的、孩子喜欢的游戏，吸引他在玩耍中主动学习丰富的语言和算术等内容，在3年半时间一天都没有落下过（作者在书中特别强调这一点）。也正因为如此，当当熊上学之后，就热爱上学，一直保持轻松学习的状态。

可见，并不是因为家庭收入、父母受教育程度或职业地位等家庭社会经济地位影响了孩子的智力发育，而是父母与婴幼儿交流的语言数量和质量，影响了孩子的智力、学业以及职业发展。

当然收入低下的父母，由于各种客观原因，可能也没有心情去给孩子多说温暖、愉悦的话语，没时间也没有心情给孩子读更多的书籍，甚至这些父母根本没有读书的习惯。

(二)激发宝宝情感发育

家长使用温柔的表情、姿势、动作等，用"婴儿语"或"妈妈语"给宝宝多说，可以让宝宝体会到家长的爱意，激发情感发育，让宝宝与家长建立起亲密的亲子关系。同时家长经常与宝宝进行面对面的交流互动，也能教导孩子感受如何与他人进行轮流互动的节奏，学习如何进行目光交流、体会和模仿丰富的表情等。这种激发情感发育的过程同时也给大脑提供了更加丰富的信息，进而刺激大脑神经联结，塑造大脑结构，促进大脑发育。因此，亲子间的语言互动，不仅有助于智力开发，也有助于宝宝长大成为一个情感丰富、善于交流、心理健康的人。

(三)为学习外语奠定基础。

周岁之前，婴儿是世界公民，更准确地讲，在6—9个月之前，宝宝们对

---

① 闵小玲著：《你的孩子也能进北大——家庭教育的 12 个关键点》，华东师范大学出版社 2014 年版，第 39 页。

于语言是没有选择的，但是在6—9个月之后，他们更偏好母语。正因为如此，建议在6—9个月之前，有条件的家庭可以用多种语言与宝宝进行交流，让宝宝熟悉不同的语音和语调，为以后学习外语打下基础。实验表明，3岁前熟悉某种语言、后来完全不使用、已经完全忘记该语言的孩子，再次学习该语言，也会更轻松更快。例如在美国生活的已经完全忘记西班牙语的西班牙裔孩子，他们学习西班牙语就会快于没有接触过该语言的孩子。

在《卡尔·威特的教育》①一书中，老怀特在"如何教儿子学外语"一章中，详细介绍了教儿子学习拉丁语的过程。当儿子还在摇篮里的时候，他就经常给孩子念拉丁文。书中写道："每当儿子睡醒，情绪很好的时候，我就用清晰且缓慢的语调对着儿子朗诵威吉尔的《艾丽绮斯》，这是一本很好的诗……所以，儿子在学习拉丁语时就没有感觉有多困难，很轻松就能背诵下《艾丽绮斯》"。

与此类似，学者公认书面语言与口语相比是更具难度的语言。这就与外语类似，对于只熟悉口语的孩子来讲，刚接触书面语言就像接触到外语一样，会表现出理解上的困难。如果在0—1岁期间，特别是在6—9个月之前，没有给宝宝念过诗词、儿歌，或讲过故事，宝宝就会不熟悉、也不习惯书面语言的节奏和用词。1岁多后，宝宝就会表现出不喜欢或抗拒听故事的现象。有些家长因此就会很受打击，而不再给孩子讲故事，甚至在整个学龄前，因为孩子不喜欢听故事，就不再有兴趣给孩子讲。这就失去了学龄前学习和熟悉书面语言的机会。上学之后，教师和课本使用的都是书面语言。这些孩子上学后，就会因为不习惯书面语言，感到老师的讲课难懂或听不懂，进而表现出学习困难和不喜欢上学。

(四)让孩子痴迷读书

家长给婴幼儿多说话，要说什么呢？主要包括两大类，一类是多说口语。另一类是多说书面语言。即给宝宝多读书，如多念诗词、儿歌、多讲故事等。目前已经有很多家长重视给学龄前的孩子们讲故事，但并非所有家长都能做到这一点。孩子们可以各有特长，也并非所有孩子都需要爱上读书。但现实是所有孩子都需要在六七岁上学读书，研究结论和事实都证明，如果孩子在3岁前没有接触过书籍，上学后爱上学习的概率就会很低。因为与口头语言相比，书面语言的抽象性特点会成为孩子读书学习的巨大障碍。维果茨基在20世纪早期就指出："对儿童来说，书面言语要比口头言语难度更大，正如代数要比算

---

① [德]卡尔·威特著：《卡尔·威特的教育》，景青译，长江文艺出版社2021年版。

数难度更大一样。我们的研究表明，正式书面语言的抽象特性成为主要的绊脚石"①。其中让孩子熟悉书面语言的主要方式就是亲子共读，从出生就开始听家长念诗词、儿歌或讲故事(注意不是听故事机讲故事，这一点后面会专门分析)。

前面我们已经说了，造成富裕和贫困家庭孩子之间巨大差距的，不是家庭的社会经济水平、父母的文化程度等因素，而是 3 岁前，孩子是否听到大量、高质量的口语和书面语言，积累丰富的词汇等。对孩子来讲，积累丰富词汇的最佳方式是多听诗词、儿歌和故事等亲子共读活动。喜欢听故事的孩子在 3 岁时口语使用的词汇量会更多、更丰富，而研究已经证明，"儿童 3 岁时的词汇量是预测其读写学习的最佳指标之一。词汇发展和读写能力都起源于婴幼儿时期……这一研究发现，引起了人们的关注，因为它强调要赋予每个婴幼儿一个强有力的学习起点"。② 这个"强有力的学习起点"也就是常说的"起跑线"。"早期的语言环境才是影响孩子最终学习能力的关键，即父母给孩子说多少话，应该怎么和孩子说话。"③3 岁前听到多少语言才是造成两类家庭孩子之间学习能力和未来职业地位差距的真正原因。

可见，让学龄前孩子多阅读书籍，多念诗词、多听儿歌，多讲故事等，是提高孩子未来学习能力和职业地位的重要手段。

这里我们先介绍在养育宝宝的日常生活中，如何多说口头语言。如何让孩子爱上听故事，爱上读书，将在第四章详细介绍。

二、与宝宝说什么呢?

既然和婴幼儿说话这么重要，但是婴儿又不会说话，那么我们该怎么与婴幼儿说话或交流呢?

实践证明，与婴儿进行语言交流的方法全世界几乎都是相通的:家长用充满爱意的表情、姿势或动作，"使用高声调、简单的词语，重复多种语速和夸

---

① [苏联]维果茨基:《思维与语言》，北京大学出版社 2010 年版，第 109 页。

② [美]玛丽·简·马圭尔-方(Mary Jane Maguire-Fong)著:《万千教育学前·与0—3岁婴幼儿一起学习:支持主动的意义建构者》，罗丽译，中国轻工业出版社 2020 年版，第203 页。

③ [美]达娜·萨斯金德(Dana Suskind)、贝丝·萨斯金德(Beth Suskind)、莱斯利·勒万特-萨斯金德(Leslie Lewinter Suskind)著:《父母的语言:3000 万词汇塑造更强大的学习型大脑》，任忆译，机械工业出版社 2017 年版，第 32 页。

张并且情绪饱满的语调"①这种语调又称为"婴儿语"或"妈妈语"。总之与宝宝说话，说什么不重要，但是表情和语调非常重要。正因为如此，如果抱着宝宝时，即使两个成人要交流、聊天，也要时刻关注到宝宝，不能让宝宝感到自己是"局外人"，被冷落。要让孩子时刻体会到家长在关注着他，这个情况在后面会有案例说明。

除了及时照顾宝宝的吃喝拉撒睡等身体信号，看护人应该怎样和宝宝进行语言交流呢？

最重要的就是一句话：多回应宝宝的反应。

家长不必死记书本上介绍的，不同月份的宝宝，应该如何进行交流的烦琐内容，只需根据婴儿的反应，选择适合的音调、节奏与宝宝多说就可以。交流的内容主要是及时回应宝宝发出的各种信号，满足宝宝的需要，解除宝宝的痛苦、逗引宝宝开心。

对于尚未满月的新生儿来讲，他们睡得多，醒得少。吃饱就睡，甚至还没吃饱就又睡着了是常态。在短暂的清醒时间里，他们看似漫无目的地观察着周围的环境，实际上他们在吸收周围的各种信息，在塑造着大脑，这种状态婴儿发出的信息是："我很舒服，我喜欢听大人说话，和我交流。"这时家长就可以像文章前面提到的月嫂一样，根据当时的情景或环境和宝宝多聊天。这需要家长细心观察，及时发现并回应宝宝主动发出的信号。

对于大约6周之前的婴儿，与其聊天说话似乎比较困难，因为宝宝对家长热切的目光和欣喜的呼唤，根本不理会。这时家长应该尽可以"自作多情地"与宝宝进行单方面聊天，就像那位月嫂那样，根据情景或氛围，该呼唤呼唤，该夸奖夸奖，该自豪自豪。如果实在没话说的时候，那就十八般武艺都试试，例如深情地给宝宝背诵一下"床前明月光"等诗句，或者唱几句能记起来的歌曲，或者现学现卖地读几句儿歌等。如果宝宝偶尔发出来一声"哦——"，家长只要及时回应"哦——"，这看似简单的及时回应，宝宝也会很满足。研究人员发现"父母和孩子的脑电波是同步的。正是这种同步使孩子可以和父母产生亲密关系"②

另外，看似家长在自言自语，但婴儿会在无意中记住爸妈的声调、语气、

① ［美］凯斯琳·史塔生·柏格尔（Kathleen Stassen Berger）著：《0—12岁儿童心理学（第六版）》，陈会昌译，中国轻工业出版社2016年版，第196页。

② 杨滢：《让孩子受益一生的大脑开发课》，海南出版社2021年版，第24页。

语音、声音以及其中所表达的爱意等丰富信息。

随着婴儿一天天长大，醒着的时间越来越长，有些家长面对宝宝时经常"找不到更多的话说"，只能默默地给宝宝喂奶、换尿布、洗澡，这就极大地浪费了婴幼儿收集信息、学习知识的机会。艾莉森·高普尼克认为："婴幼儿能以独有的方式察觉周围的一切。'他们'有能力瞬间从大量资源中收集广泛的信息，这种能力是成人所没有的。成人更容易将注意力集中于环境中某个特定的部分，以执行某个计划。"①"正是这种在任何时刻都能认真地关注广泛信息的能力使得婴幼儿可以注意和辨认周围环境中的很多细节。在一段相对短的时间内获得大量的知识"②，所以，尽量多提供广泛的信息是这个时期养育婴幼儿的重点。基于婴儿具有这种神奇的能力，家长可以尝试用以下几种方式给婴儿多说话。

（一）生活情景多描述

总的原则是，描述和宝宝生活有关的一切过程。例如看到宝宝高兴地咿咿呀呀，家长就可以说：你现在高兴了，舒服了，想学说话了；我们小宝是一个喜欢和人聊天的宝宝，是个爱说话的宝宝。爱说话的宝宝聪明哈。你想告诉妈妈(奶奶等看护人)你很高兴。你现在说的话太高级了，妈妈听不懂你说的话，但是妈妈也是一个聪明的妈妈，妈妈能懂你的意思哦等。总之，家长要学会没话找话，多描述宝宝的状态。

如果宝宝饿了，在准备吃奶的过程中，也能说很多语言。如果是母乳喂养的宝宝，家长说话的时间会短一点，但是也可以说丰富的话语。例如，宝宝饿了总是会发出声音，表情发生变化或身体扭动等，这时候伴随开始搂抱宝宝的行动，就可以说："哦，别着急哦，这就开饭喽。咱还是一个急性子啊。"吃上奶以后，也可以继续说："小宝现在舒服了，看你幸福的小样！咱以后再耐心等1分钟，别那么着急。着急的样子多不绅士(或淑女)。"把家长的期望从小灌输给宝宝。

如果是代母乳喂养的宝宝，在准备喂奶之前，家长就可以用大量的语言来

---

① ［美］玛丽·简·马圭尔-方(Mary Jane Maguire-Fong)著：《万千教育学前·与0—3岁婴幼儿一起学习：支持主动的意义建构者》，罗丽译，中国轻工业出版社2020年版，第5页。

② ［美］玛丽·简·马圭尔-方(Mary Jane Maguire-Fong)著：《万千教育学前·与0—3岁婴幼儿一起学习：支持主动的意义建构者》，罗丽译，中国轻工业出版社2020年版，第5页。

安抚宝宝。有一次我去看一位月子里的小宝宝。他饿了，在奶奶的怀里不停地挣扎着哭。奶奶抱着宝宝在房子里不停地转，边转边晃着宝宝，嘴里只发出一种哄宝宝的经典声音："哦——"。宝宝还是不停地挣扎着哭。因为虽然是恒温热奶器，但是要让奶热起来还是需要一点时间。我说：我来抱抱。我就把宝宝抱在怀里，让他的双臂交叉在胸前，用一只手按着，然后另一只手轻轻拍着宝宝，边拍边给宝宝说："哦——，知道宝宝现在饿了哦～，现在正在热奶呢～，还需要一点时间的哦～，不要着急哦～。马上就好喽～，马上就好喽～。"这样，宝宝很快平静了很多，不再挣扎着大哭，偶尔还会轻轻地哼哼。我就不断地边走边拍，边说着这些话语。还不断地穿插着说："我们宝宝很饿了，奶奶再试试看，奶热好了没有呢？我们小宝宝很有耐心的哦～，是一位小绅士哦～，我们宝宝真有耐心哦～。奶奶说快好了，那就好，那就好，看我们宝宝多有耐心啊。"就这样反反复复地说，宝宝的情绪就一直比较平稳。

这就是语言的作用。宝宝虽然听不懂大人说了什么，但是大人满含爱意的语气和音调，不断介绍着当时的情景，让宝宝感受到有人在关注和回应他的需要，他就能获得一种安全感。

另外需要注意的一点是，在抱宝宝的时候，有一个动作技巧，就是将宝宝的双臂交叉在胸前，然后用搂抱宝宝的手轻轻地按着，同时把宝宝紧紧地搂在怀里。这个把双臂交叉在胸前的动作，会让百天之内的宝宝尽快安静下来。因为这个姿势和宝宝在母腹中的很相似，能很好地安抚宝宝。

在其他照顾宝宝的情景中，如给宝宝换尿不湿的时候，家长也可以伴随自己的操作，不停地给宝宝描述自己的动作，例如"宝贝，你的尿不湿脏了，不舒服了吧。现在给宝宝换一个干净的"。说着家长去拿新尿不湿："稍微等一下哦，妈妈去拿一个新的尿不湿，再端一盆水，给宝宝洗洗，洗洗干净宝宝就更舒服了。"洗完之后，该换新尿不湿的时候，可以继续说："换新的尿不湿喽，宝宝把小屁屁抬一抬。"虽然他不会自己抬屁股，需要家长握着双脚，把宝宝的屁股抬起来，但是过一段时间，宝宝就能配合家长。这种描述也称为"自我谈话"（self-talk），就是"照护者在照护婴儿时，用语言描述自己正在做的事情"。① 这种描述式的自我谈话"能让婴幼儿在有意义的语境中理解单词

---

① ［美］玛丽·简·马圭尔-方（Mary Jane Maguire-Fong）著：《万千教育学前·与0—3岁婴幼儿一起学习：支持主动的意义建构者》，罗丽译，中国轻工业出版社2020年版，第198页。

与短语""即便是只有成人在说话,婴幼儿也在积极地听着和看着,收集声音,记忆正体验的情景。随后,婴幼儿逐渐学会通过倾听熟悉的言语来预测将要发生的事情"。① 比如说,过一段时间,婴幼儿在换尿不湿时,只要一听见看护人说,"抬一抬屁屁",他就会很配合地努力抬一抬。这就是宝宝逐渐理解了某一情景下特定语言的含义。

(二)周围物品多介绍

从两个月左右开始,宝宝的目光不再游移不定,逐渐学会盯着一个东西看,这时候家长就可以充当"讲解员"。孩子看什么就给宝宝讲解什么、介绍什么。生活环境中的所有物品对宝宝来讲都是新奇的、陌生的,家长可以给宝宝介绍这些物品的名称和功能。例如在家里,宝宝被抱到餐桌旁时,看到大家一起吃饭,就跟宝宝说,"这是餐桌,大家都坐在这里吃饭。等你长大了就可以和爸爸妈妈、哥哥姐姐一起在餐桌吃饭了""这是餐椅,你长大了就可以坐在这里吃饭喽"等。

在外面,婴儿看到的内容更是丰富多彩,有绿植、有花草、有宠物,还有很多陌生的人,都可以一一介绍给宝宝。这种介绍不是一次,而是经常重复介绍,每次看到,只要宝宝盯着看就给宝宝介绍。这种和婴儿说话的方式又称为"平行谈话"(parallel talk),是指成人用语言描述婴幼儿正在做的事情。比如,看到一只小狗狗,可以这样介绍:"跑来一只小泰迪狗狗,他的毛是棕色的,好可爱的哦。""走,我们追过去再和小狗狗玩一会儿。"

"当成人关注婴幼儿的兴趣,并且花时间为婴幼儿描述正在发生的事情时,其实就是在促进婴幼儿的语言发展。"②家长千万不要以为宝宝听不懂,就不给宝宝说。实际上每次见到某个物品,成人都告诉宝宝同样的名称,他就会慢慢地将这个词语与这个物品对应起来。这个观点已经被扎佛兰(saffran)等发表在1996年《科学》杂志上的论文所证明。

下面是我们的学员给一位比较内向、平时说话不多、不知道该给孩子说什么的家长做的示范:

---

① [美]玛丽·简·马圭尔-方(Mary Jane Maguire-Fong)著:《万千教育学前·与0—3岁婴幼儿一起学习:支持主动的意义建构者》,罗丽译,中国轻工业出版社2020年版,第198页。

② [美]玛丽·简·马圭尔-方(Mary Jane Maguire-Fong)著:《万千教育学前·与0—3岁婴幼儿一起学习:支持主动的意义建构者》,罗丽译,中国轻工业出版社2020年版,第198页。

　　我有一位性格内向的朋友，我带着我女儿去看望她家宝宝，她家宝宝半岁多，比我孩子小，我就给她示范给宝宝说些什么。我发现小宝宝很灵动，大眼睛充满着好奇，她一直瞅我女儿怀里抱着的毛绒玩具，我就给她讲解和描述孩子当时的情景。我和宝宝互动说："宝宝，你看姐姐在玩玩具呢。这是小兔子，粉粉的、毛茸茸的，姐姐把她抱在手里，你想摸一摸小兔子吗？毛茸茸的小兔子来咯，摸摸！"宝宝就和我们也互动起来了。

　　这位家长求助说，她家孩子说话少，如果问孩子：这是什么？她只会说一个字，比如"花、叶"等。针对这种情况，该怎么和孩子继续互动下去？家长说些什么呢？

　　我们的学员说："那你可以接着宝宝的回答，继续补充。"

　　她是这样说的："对——，宝宝说得对。这是花，红色的花（先说颜色，如果能说出花名更好），闻起来香香的，或者闻起来没有味道，或闻起来臭臭的、怪怪的等。这是叶子，绿绿的叶子。这片叶子大大的，叶面光光的，或者上面有很多毛刺等。"

　　当然社区或公园的花，一般都是无毒的，孩子们都可以闻。但是即使是这样，也要教孩子养成一个良好的闻花习惯。闻花的时候，最好不要直接趴在花上闻，而是让鼻子在花的上方一点，离开一点距离，用手在花儿上方用手平行地扇动，让花儿的气味被扇过来一点，间接闻花儿，以免中毒或过敏。

　　家长自己试了这种与宝宝的互动方式之后，都反馈说效果很好，孩子的语言也丰富起来了。只要家长能给宝宝输入更多的语言，孩子一定能输出丰富的内容。

　　不仅如此，家长给宝宝多说，宝宝还能体会到家长对他的关注和关心，感受到对他的爱。随着从量变到质变，到大约9个月到10个月，婴幼儿就明显能听懂很多话，认识更多的物品。当然，家长如果没有给宝宝介绍过这些物品的名称，宝宝自然是不会知道的。

　　一般在宝宝半岁左右，家长就会不断反馈积极的信息。例如：宝宝抱出去之后，"明显比其他同龄宝宝爱笑、参与感和互动感更强"。有的则说：社区里的其他家长都说，她家宝宝活泼、爱笑、爱叫，好像是在和人打招呼。等上学之后，这些宝宝很快就会适应学校学习生活，成为家长和老师眼里的"别人家的孩子"。

这就是在宝宝0—3岁必须让家长陪伴时，家长多说口语的技巧。当然，多说还包括多说书面语言，也就是说，在0—3岁期间每天还要多读书。关于多读书的技巧，后面会详细介绍。

第二节　遛娃中藏有大学问

【案例1】：

一个盛夏的早晨，我看到一位年轻妈妈，坐在树荫下，用脚蹬着婴儿车晃，自己专心刷手机。婴儿车里躺着一个2个多月大的小宝宝，我路过的时候，小婴儿听见脚步声，头朝路边转过来，很是可爱。估计这位宝妈趁着清晨凉快，出来遛遛娃。

【案例2】：

年轻妈妈带着不到两岁的宝宝在社区玩，妈妈站着看手机，宝宝手抱着妈妈的腿，身体靠着妈妈，一手抱着一个毛绒玩具。妈妈停一会，往前走几步，宝宝拽着妈妈，跟着妈妈走。

【案例3】：

一位爸爸胸前坐着不到一岁的宝宝遛娃，两人的目光都被两只嬉戏玩耍的狗狗吸引，一只小狗狗围着另一只稍微大的狗狗欢跳着，爸爸稍微停顿了一下，让宝宝多看了一会儿狗狗，没有说一句话，然后抱着宝宝继续溜达。

在社区或者公园还经常看到其他的遛娃情景：家长一手推着婴儿车，一手拿着手机专心刷着；也有家长在遛娃的时候边走边煲电话，或者与同伴聊天。如果遇到同样遛娃的人，他们一般会互相搭讪着聊天。如果家长是独自出来遛娃的，大多是默默地推着或抱着宝宝到处转，只要宝宝不哭不闹，家长和宝宝就各自安好。总之，大人很少与宝宝交流互动，只有在宝宝哭闹的时候，大人才会与宝宝说话，哄哄宝宝。这些交流也是很被动的，大人的目的是让宝宝继续安静地坐在婴儿车里，不要缠着让他们抱。

如果家长这样遛娃，就属于网友戏称的"假装陪娃"。

家长会感到很冤，说：我现在放下工作、牺牲与朋友聚会的机会，不正是全心全意地陪着宝宝吗？

表面上看，家长在宝宝身边，陪着宝宝，实际上家长和宝宝既没有互动，也没有情感交流，这种陪伴并不是宝宝期望的，也不是最有利于宝宝发展的做法。

我们每一位家长都希望自己的宝宝长大以后智力超群，情商出众。但是很多家长却不知道自己每一次陪伴宝宝的时间，正是开发宝宝智力，让宝宝更聪明，激发宝宝情感，培养宝宝与人沟通能力的宝贵时机。

一、遛娃时的最佳做法——给宝宝当导游

0—3 岁期间，宝宝接收信息的能力最强，宝宝时刻都在主动进行着全方位的学习。

在两三岁前多听、多看、多感受等都是开发孩子大脑潜能的机会。特别是多说口头语言，不仅能提高孩子的反应速度，还能够提高孩子的学习能力。

家长会问，那遛娃的时候该怎么做呢？

答案只有两句话：宝宝多看，大人多说。再详细一点的话就是：像导游一样，根据宝宝的兴趣，结合外界环境，给宝宝多介绍，多讲解。

有家长说，能推在婴儿车里或抱着的宝宝都是 3 岁甚至 1 岁以内的小宝贝，他们什么都不懂，给他们说什么呀？可事实恰恰相反，正因为孩子不懂，他们才需要学习。

实验证明，0—3 岁的宝宝们是最勤奋的学习者，他们把看到的内容都会储存起来，成为他们自学的内容。如果家长在遛娃的时候，能给宝宝多说，宝宝则会学到更多，甚至是发展出家长想象不到的能力。

二、遛娃时说什么？

前面我们已经简单分析过要多和婴儿说话，描述生活情景，介绍周围物品。这里，我们详细来介绍一下，遛娃时，家长们应该说些什么？

(一)周围的景色多描述

在外面遛娃，周围总有各种景色，家长都可以介绍给宝宝。即使每天重复，宝宝也很喜欢听，都能开发宝宝的智力。如果家长只盯着手机，对周围景色视而不见，也就没心思给宝宝说了。

春天，当我们在社区或公园遛娃时，面对一片桃花，我们能说些什么呢？这就非常考验家长的知识储备了。具有植物知识的家长可以多介绍有关桃花桃

树的知识，有诗词功底的家长，可以给宝宝背诵几首桃花的诗词，抒发一下情感，如"桃之夭夭，灼灼其华""竹外桃花三两枝，春江水暖鸭先知"等。

如果诗词和植物知识都不擅长，起码可以给宝宝说一下这是什么颜色的花，花儿的名称叫什么等。

春天是遛娃的大好季节。公园里花开了，树绿了，家长带着娃看花的时候，经常会说：好漂亮的花。再用心点的家长可能会说：这是红花，黄花等。下面介绍一位学员宝妈的遛娃模式。

我遛娃时看到任何花草树木，都会给孩子讲清植物的名字，特别是只要看到花，就会告诉孩子花的名字，我在手机上专门下载了识别花的软件，会尽量详细地给孩子描述具体细节。例如，春天家附近的月季花开了，带宝宝看花时就会说：宝宝快看，那边一片粉红色的是月季花，开得可真好呀，你看它的花瓣重重叠叠的，中间有花蕊(仔细让孩子看什么是花瓣，什么是花蕊)。月季花有这么多颜色啊。这朵是深粉色、那朵是浅粉色，这朵是黄色的，那边的是白色的。小心哦！月季花虽然好看，但它的花茎上长了尖尖的刺，所以我们只能远远地欣赏，不能靠近。对了，你能闻到香味吗？吸一口气，来闻一闻花香吧！我会让孩子在每种颜色的月季花前都停留一会儿，让孩子看，让孩子闻，把花瓣、花蕊再重复说一遍。

除了看花，还要让孩子注意观察叶子。告诉宝宝这些花儿的叶子的颜色和形状，如这些花的叶子都是绿色的。这个花的叶子是椭圆的，那个花的叶子是窄长的，这个叶子大大的，这个花的叶子是小小的等。看白花三叶草时，我就会问：这个花是什么颜色？宝宝说：白色的。并且补充一句说：花小小的。我就给宝宝说：这是白花三叶草，看看它的叶片，它有几片呢？是不是每片叶子都是3个小叶子呢？我就会蹲在宝宝旁，用手指着，和宝宝一起看。

带宝宝观察植物的时候，可以介绍植物的名字、颜色、各部分的名称(如花瓣、花蕊等)、叶子的形状、植物的状态(比如含苞待放、正在花期、快要凋谢等)、味道等。还可以数一下这里的月季花有几种颜色等，顺便让孩子熟悉数字。还可以扩展一些古诗词知识，比如给孩子指认柳树，就可以念《咏柳》，带孩子看荷花，可以念《小池》等。我家宝宝现在1岁8个月，已经认识了月季、蔷薇、鸢尾、马兰花、荷花、雏菊、郁金香、向日葵等等常见的花卉。

　　宝宝也有自己的喜好(1 岁 8 个月)。例如她不喜欢雏菊、蒲公英。但是看到月季和蔷薇，她就说：好看。玫瑰也还行。前几天我问她：鸢尾是什么颜色的？她说：紫色的。我感觉她应该认识并记住这些花了。我觉得平时只要多说，给宝宝多输入，她就能记在脑子里了。

　　眼睛收集到的信息越丰富，随着听到的词汇越多，孩子不仅会认识更多的实物，了解更丰富的外在世界，同时也在开发着大脑潜能。对于 0—3 岁的宝宝来讲，周围的一切都是新奇的、陌生的，需要家长介绍给他认识、学习，这个过程也是积累词汇的过程。在《父母的语言》一书中，作者认为，孩子智力的差异，在于 3 岁前听到词汇的多少。

　　(二)各种人员多介绍

　　在 2 岁前，宝宝们更对自己感兴趣，很少主动去与其他人打招呼或说话，家长可以主动给宝宝介绍社区里遇到的大人或小朋友，例如这是爷爷奶奶、叔叔阿姨、小朋友哥哥姐姐弟弟妹妹等。如果能与他们进行一些短暂的对话，则更有利于宝宝听到更多的、不同类别的语言。如果能与遇到的小朋友多玩耍，还能增加与人互动的机会。

　　(三)各类动物多了解

　　现在社区里宠物很多，在保障安全的情况下，可以给宝宝介绍这些活蹦乱跳的小宠物等。还是上面那位宝妈学员，她在社区遇到狗狗或去动物园看动物，她怎么给宝宝说呢？

　　在社区遇到宠物狗，我也尽量给宝宝说更多的信息，包括狗狗的品种和颜色等，而不是简单地说："宝宝你看有小狗"，而是给宝宝扩展小狗的信息，包括颜色、品种、习性等。例如，宝宝你看，那是一只泰迪，泰迪是棕色的、小小的，这种狗很活泼，它的毛卷卷的，你看像不像你的泰迪熊玩偶？这就是这种狗名字的由来。对于我不认识的狗品种，我就向主人询问，主人一般都会很热情地介绍。宝宝 14 个月左右时，就认识了很多品种的狗，能分得出泰迪、柯基、哈士奇等。

　　逛公园的时候，我们还有其他可以带孩子仔细观察的事物。比如有一次带孩子去公园，刚好看到湖中有一对鸳鸯，就和孩子一起观察起来。我原本想说：宝宝你看，湖中的鸳鸯多漂亮！但又想到，"漂亮"是一种比较抽象的概念，小宝宝未必能够理解什么是漂亮，于是我就给宝宝具体描述鸳鸯的外形。对宝宝说：宝宝快看，湖中有一对鸳鸯，那只羽毛红红绿绿、颜色看上去光鲜亮丽的是雄鸳鸯，也就是鸳鸯爸爸，另一只略微小一点、羽毛褐色，肚皮带点白色斑块的是雌鸳鸯，也就是鸳鸯妈妈，他们正在一起用湖水梳洗羽毛呢。鸳鸯总是成双成对地出来游玩(这些都可以在网上查到，自己知道了，就能看着实物给宝宝讲了)。你和妈妈背诵的古诗词里是不是就有过鸳鸯。是哪一首呢？我也不指望孩子能想起来，只是停顿一下，让孩子也想一想。是不是"沙暖睡鸳鸯"呢？这两只鸳鸯，就是你背过的"鸳鸯"。到了晚上睡觉前，我和宝宝一起睡前背诵古诗时，念到这句诗词时，宝宝突然说出"今天看到鸳鸯了"，证明平日里详细给孩子介绍动植物细节是很有帮助的。

案例中的爸爸，看到两只狗狗吸引了孩子，知道孩子对狗狗很感兴趣，他虽然停顿了一下，让宝宝看了一会儿，却没有说一句话。他没有意识到这是让宝宝认识狗狗的最佳时机，最简单的就是告诉宝宝这是两只狗狗。如果像学员宝妈那样，再问问狗主人它们分别是什么狗，就可以让孩子分辨两只狗狗，如果再描述一下两只狗狗玩耍的场景，宝宝听到的语言就更丰富了。这个过程就让宝宝听到了更丰富的词汇，这样就会开发孩子的智力。

这里最关键的一点是，家长不能太功利，不要希望自己说一遍，孩子就能听懂、记住甚至能够说出来。在 3 岁前，孩子听的过程，都是在学习和塑造大脑的过程。孩子当时或者在很长一段时间都说不出来，但这并不意味着宝宝没有听、没有记、没有学习。

所以，家长要随时随地告诉宝宝目之所及的物品的丰富信息，让孩子认识世界。孩子每认识一个物品，可以说这个物品就会从周围环境中被分离出来，在孩子的眼里这个物品是他知道的，就特别突出，就与周围其他物品区别开来。对孩子来讲，如果不知道这些物品的名称，他们在他的周围就是模糊的、相似的。只有认识的、知道名称的物品是清晰的。就像我们成年人在一个陌生的地方，遇到一群陌生人，突然发现人群中有一位熟人，我们的眼睛就会很快地抓住这个人，其他人都是一群模糊的形象，事后也记不住他们。家长让孩子认识周围的动植物以及物品的过程，就是让孩子眼里模糊的世界逐渐清晰起来的过程，就像在黑暗、模糊的世界，家长用各个名称给孩子点亮了一盏盏灯，让周围的世界越来越清晰①。这个过程也在塑造宝宝的大脑或开发大脑的潜能。如果家长边遛娃边看手机，或者像案例中的爸爸那样，完全不说话，实际上都是在浪费自己给宝宝点亮世界或开发宝宝大脑的宝贵机会。

三、遛娃时多说好处多

有些家长说：给 3 岁以内的宝宝说这些，他们未必能听得懂、记得住，做这些都没用。最新的研究不断证明，宝宝是学习能力最强的"智能生物计算机"，只要给宝宝输入信息，他们就会对这些信息进行组织、归类、整理、记忆等。因此，宝宝们听或看的过程，都是在默默地学习，只是他们不会表达而已，这个过程都在提高着孩子的各种大人不可预知的能力，开发着大脑潜能。

(一)提高孩子的辨别能力

我们家长给孩子说一个内容，以为孩子只是记住了这个内容，其实不然。孩子接收到这些信息之后，会进行自己的加工处理，孩子最终学到了什么家长根本不得而知。打一个比喻，家长告诉孩子 1，家长以为孩子只是学到了 1，但是孩子不仅学到了 1，可能还学会了 2，甚至 3 、4、5、6 等，家长根本想象不到孩子学到了什么。

给大家介绍一项实验研究②，大家看看小宝宝的学习能力有多强。

实验人员让家长给 6—9 月大的婴儿反复看(超过 30 次)，6 张猴子面孔的照片，每张照片都印着每只猴子的名字。实验人员把家长分为三组。

第一组家长在给婴儿看图片的时候，说出猴子的名字，例如这是达里奥、波利斯、安尼斯等，如果在中国做实验的话，可以说这是小强、小刚、妮妮等。

第二组家长给婴儿只说"猴子"。

第三组家长给婴儿只看照片，什么都不说。

在婴儿 9 个月大时，用新猴子的照片对他进行测试。具体做法是：给婴儿看这 6 只猴子照片时，每次增加一张新猴子的照片，一共增加了 6 只新猴子的照片。

研究人员发现，看照片时，听到猴子名字的第一组婴儿，能更好地辨认出

① 周濂：《打开(上)》，上海三联书店 2019 年版，第 55 页。
② [美]凯斯琳·史塔生·柏格尔(Kathleen Stassen Berger) 著：《0—12 岁儿童心理学(第六版)》，陈会昌译，中国轻工业出版社 2016 年版，第 155 页。

新猴子的照片。而其他两组婴儿则很难辨认出新猴子的照片。

也就是说，如果宝宝们看到图片或者实物时，什么都没有听到，他们根本不知道这些毛茸茸的动物是什么。只听到一个通称，如"猴子"，宝宝们就会大而化之地认为这些都是猴子，不会仔细区分这6只猴子有什么区别。

当宝宝看到实物或图片时，同时听到它们的名称，他会把这些名称信息和对应的图片或事物作为一个整体存入大脑，并且根据名称的不同，对实物进行分辨。

这个过程就是孩子学习更多内容的过程，我们以为孩子只是知道了这6只猴子的名字。但实际上第一组孩子们不仅记住了这6只猴子的名字，还学会了辨别这6只猴子以及这6只猴子与其他新猴子的区别，孩子们竟然学会了识别或分辨。这是家长所没有想到的。

这个过程就是在开发或者锻炼宝宝的分辨能力。这种分辨能力会体现在各个方面。在这个实验中，体现了宝宝对动物的识别与分辨能力。其他实验还证明宝宝具有很强的人脸识别能力、图像识别能力、文字识别能力等。

可见，在生活中，家长给婴幼儿多指认、多介绍，孩子不仅仅记住了某个名称，更重要的是他们还学会了辨别，具有了很强的分辨或辨别能力。

我认识一位家长，她家宝宝特别喜欢汽车。仔细了解得知，她家住一楼，楼前楼后都停放着各种汽车，家长抱着孩子在社区转的时候，经常给他指车认，特别是爸爸带着他的时候，就给他指认各种车的品牌和车型，结果这个小宝贝越来越喜欢车(形成了对车的敏感)。家长就给他买了很多小汽车的仿真模型，他百玩不厌，4岁左右，他就能认识大量车模和真车，而且非常敏感，只要他看见一辆车远远地开过，他就能说出这是什么品牌的车，是什么车型。

网络上有很多2岁多的小宝宝熟悉100多个国家的国旗和名称。很多国家的国旗很相似，成人分辨起来都很困难，但是宝宝们却能轻松区分清楚。

这就是0—3岁小宝宝非常强大的学习能力的一种体现。

所以当我们在社区或者公园遛娃的时候，当宝宝们看到花草树木的时候，我们家长是像实验中的第三组家长那样，什么都不说，还是像第二组家长那样，只说这是"花花"，这是树，还是像第一组家长那样，告诉宝宝，这是桃树、这是杏树，这是槐花树。这是红色的月季花，这是粉色的月季花，这是栀子花等详细的信息。告诉孩子的信息的丰富度不同，对发展孩子的语言能力、辨别能力以及其他潜能，都是不一样的。现有的研究表明，多跟孩子说话，会提高孩子的语言处理速度和学习能力。一句话，给孩子提供的信息越丰富，对孩子大脑潜能的开发越到位。

同样花时间去遛娃，结果却有很大差异，就看家长怎么做。

(二)激发宝宝的情感发育

外出遛娃时，家长不时看着宝宝，顺着宝宝的目光给宝宝介绍，甚至停下来，让宝宝摸摸树叶、闻闻花香等，与宝宝多互动，不仅能让宝宝从感知外界实物中，认识了真实的实物(不是认识图片)，听到了丰富的语言，还让宝宝全方位感受着大自然的四季变化，更重要的是还会让宝宝感受到家长对他的关注和爱，让宝宝的情感得到开发和满足。

如果像之前案例中的两位妈妈那样只专注看手机，或者像爸爸那样不给宝宝说周围信息，宝宝就感受不到家长对他的关注和关心。

(三)让成年人间的聊天成为大脑营养

成年人在遛娃的时候，经常会结伴，边聊天边遛娃。或者边打电话边遛娃。有的家长会认为这是不错的做法，让宝宝听大人聊天也能增加听到的词汇，正好起到开发大脑潜能的作用，其实不然。

【案例】:

在社区遛弯的时候，看到一位奶奶抱着半岁左右的孙子，站在路边，在与另一个遛弯的奶奶面对面聊天。对面奶奶两手各拿一只健身核桃，时不时互相敲一下逗宝宝。每敲一下，宝宝就盯着奶奶手中的核桃，欢快地在空中扑腾着两只脚，同时欢快地发出"哦——"的声音。两位奶奶则不去回应宝宝发出来的声音，继续聊天，只是在宝宝不耐烦时，这位奶奶就会再敲一次核桃，再让宝宝兴奋一下。奶奶敲核逗宝宝的目的是让宝宝不要打扰她俩聊天。她们与宝宝之间没有语言或表情的交流。

有人会说，反正半岁的宝宝又听不懂，两位奶奶聊天本身，也会让孩子多听到很多语言。但是，这与孩子有互动的交流是有区别的。宝宝虽然听不懂语言本身的内容，但是他知道说话的人是不是和他互动，有没有关注他，这些话是不是说给他听的。在这个案例中，两位奶奶热烈地聊天，完全把宝宝拒之门外，好像宝宝就是一个物品或没有感情的东西，所以宝宝就会烦躁、哭闹。很多推着宝宝外出的家长也会遇到这样的情景，家长推着婴儿车，边溜达，边聊天，宝宝只能坚持一会儿就会闹，因为宝宝感觉不到成人对他的关注和关心，好像自己被排除在外了。

如果案例中的奶奶，了解成人的语言对孩子成长的重要性，她们是以孩子为中心的。当她每敲一次核桃，小宝宝欢快地盯着核桃，并发出开心的"哦——"的时候，这位奶奶可能会说："你喜欢奶奶给你敲核桃，看你开心的样子，真活泼。"说着可以举起核桃让孩子摸摸，说："这是核桃，奶奶用来健身的。你摸摸，看看是硬的还是软的。"摸一下之后，说："核桃是硬的，硬的东西就可以敲响。来，奶奶再给你敲一下。咔——"，孩子可能会再次开心地活跃起来。"看把你开心的，你没有见过核桃，觉得很新鲜，来我们再敲一下"等，这就是成人在和孩子交流，孩子就能体会到这位奶奶在关注他，在与他交流、互动、玩耍，他就会认真听，就会很高兴，这个过程宝宝就在听词汇，就能积累词汇。当然，这样做，就会打扰到两位奶奶的聊天。

如果这两位奶奶要想让宝宝耐心地听他们的聊天，也是有办法的。我也曾经遇到过这样的情景，宝妈抱着不到 1 岁的小宝宝来咨询问题，我们一起聊天时，小宝宝就会闹。后来我就会看着宝宝，手里拿一个宝宝喜欢的玩具，眼睛看着宝宝，一边晃着手里的玩具逗着宝宝，一边用和宝宝说话的语调，回答着宝妈的问题，宝妈也很配合地用和宝宝说话的语调回应着我，还不时照顾一下宝宝的感受，把宝宝大幅度地晃两下，或让宝宝在腿上跳几下，顺便念几句宝宝平时跳的时候听的儿歌等，这样宝宝就认为我们一直都在和他玩，他就不再烦躁，不再闹，我们就顺利完成了咨询。

对于案例中的两位奶奶，他们在聊天的时候，对面的奶奶只要笑眯眯地举着核桃晃着，时不时敲一下，用和宝宝说话的语气，眼睛看着宝宝，就可以继续说她们聊天的内容，宝宝也会欢快地听着，不会烦躁不安。因为宝宝感受到奶奶对他的逗引和关注。

这个过程宝宝听到的词汇才有效，他才能接收这些词汇，否则，烦躁的宝宝就不会接收这些词汇。因此，给宝宝多说，不仅要知道说什么，还需要有爱心和责任感，才能说恰当的话语，做到家长多说，宝宝多听，这样宝宝的大脑才会得到开发。

看来，遛娃貌似平常事，实则藏有大学问。

第三节　小动作，大效用

【案例】：

朋友曾发来 1 岁 4 个月的小孙女剥鸡蛋壳的视频。视频中，奶奶坐在餐桌旁搂着小孙女，一只手拿着一个敲破壳的水煮鸡蛋，举在小孙女面前。小孙女专心地剥奶奶手里的这个鸡蛋，一片一片细心地剥，直到最后全部剥完，然后自己拿起鸡蛋开心地吃起来。

一个多月后，这位奶奶又打来电话说，她孙女(1岁半)已经能够自己熟练地剥鸡蛋壳了，不用大人帮忙拿着了，奶奶显得很高兴。

据我了解这位宝宝的奶奶和爷爷特别重视小孙女的动手能力和运动能力，从会走路开始就经常带着小孙女在社区和公园玩，去游乐场玩滑滑梯等。1岁2个月刚会走路，就学会玩滑滑梯，1岁半能非常熟练地自己走上滑下。1岁10个月时，光着脚能从滑滑梯的滑道爬上去，再顺利滑下来(社区有多个滑滑梯，经常没有小朋友玩，不用排队)，这不仅需要更大的臂力和腿部力量，还需要手脚的协调能力，大部分小朋友一般在2岁之后才能熟练掌握这些动作。

但是剥鸡蛋壳这种手指的精细动作，特别是孩子自己拿着鸡蛋，两只手进行配合，耐心、专注地剥完鸡蛋壳，在这个年龄组实属超前。因为这"需要一定的肌肉控制力，耐心和判断力"①通常情况下，类似剥鸡蛋壳这种需要两只手配合才能完成的精细动作，幼儿三四岁以后才逐渐得到发展。

这个宝宝动手和运动能力之所以能超前发展，与家长在日常生活中经常鼓励宝宝多动手、多运动的养育理念及养育方式有关，也与他们知道，两三岁之前的宝宝多动手、多运动，是促进宝宝全面健康发展的重要内容。

一、育儿理念影响宝宝的动作发展

有些孩子，一直到上小学都不会剥鸡蛋壳、穿衣服、系鞋带等生活技能，不是因为孩子没有这种能力，而是家长没有给孩子提供锻炼的机会。

这位宝宝之所以在1岁多就会自己剥鸡蛋，是因为看护她的奶奶和爷爷非常重视学习早期养育知识，非常了解让宝宝多动手、多运动对大脑发育以及全面发展的重要作用。他们从一开始就非常重视让宝宝多动手、多运动，经常找机会让宝宝动手、运动，具有很强的让宝宝多动的意识。正是这种育儿理念成就了宝宝的动手能力。研究表明家长育儿理念对婴幼儿期动作以及运动能力

---

① [美]凯斯琳·史塔生·柏格尔(Kathleen Stassen Berger)著：《0—12岁儿童心理学(第六版)》，陈会昌译，中国轻工业出版社2016年版，第269页。

的发展具有显著的相关性①。

这两位祖辈看护孙女，之所以理念超前，是因为他们已经认识到动手和运动对宝宝全面发展的作用，从而建立了科学的育儿理念的结果。婴幼儿多动到底有哪些好处呢？

二、动作练习促进大脑发育

婴幼儿的任何一个动作，都是大脑发育的结果。婴儿更多地进行运动或动作，反过来又会促进大脑相应的功能得到进一步的发展，动作和大脑的发育相辅相成。在 0—3 岁期间，大脑处于发育初期，大脑神经联结处于爆发式增长中，婴幼儿的每次挥手、踢腿都会促进大脑大量产生神经联结。在后续不断的锻炼中，大脑联结越来越稳定，孩子的动作也就表现得越来越协调。动作协调实际上是大脑联结不断选优，高效运作的结果。

可见，婴幼儿动作的发展会促进相应大脑功能区的发育，运动越丰富相应的大脑功能越成熟。如果家庭环境鼓励孩子多运动，就会增加练习机会，促使相应大脑的联结稳固下来，大脑功能进一步得到发展。

三、多动作的益处超出想象

鼓励婴幼儿多动手，多运动，还会促使更多不可预期的、其他能力得到发展，相应的大脑功能也得到开发。

以剥鸡蛋壳为例，这个动作不仅仅锻炼了两手之间以及食指和拇指之间的配合，发展了精细动作，还发展了眼睛和手的配合。剥鸡蛋壳需要宝宝眼睛专注地看着鸡蛋壳，同时用手指配合眼睛，控制手指力量，才能精准地揭掉蛋壳。宝宝自己拿着鸡蛋剥，属于两手间的配合和协调，这涉及左右脑的信息交换和配合，就会进一步促进联结左右脑的神经（胼胝体）发育，促进大脑功能进一步健全和发展。

在剥鸡蛋的过程中，小宝贝表现得非常专注，耐心地、不紧不慢地、一点点地剥，专注力和细致做事的能力也得到了锻炼。

宝宝把蛋壳剥完，才开始吃鸡蛋，并没有中途着急地去吃鸡蛋，就锻炼了宝宝的自控力，培养了延迟满足能力。

---

① ［美］罗伯特·费尔德曼著：《发展心理学》，苏彦捷、邹丹译，世界图书出版公司北京公司 2013 年版，第 148 页。

　　宝宝吃着自己剥的鸡蛋，再加上家长的夸奖和称赞，就会很有成就感，对自己的能力更加自信，满足了孩子实现自我价值的心理，这就会鼓励孩子积极主动地去动手做更多的事情。特别是1岁多的宝宝，正是处于自主性很强的阶段，家长耐心地陪着宝宝，让宝宝多动手，如让宝宝自己穿鞋、穿衣，自己的事情，尽量自己做等，就会增强孩子的自主性以及主动性，为未来发展打下良好的基础。大脑潜能的开发以及后续发展带来的益处，是难以想象的。

　　还有宝宝专注地剥鸡蛋壳，宝宝无意中就锻炼了对眼睛的控制力和专注力，这是孩子未来看书学习所必需的基本能力。没有一定的专注力以及对眼睛的控制力，孩子很难集中精力看完一行字。没有左右手与眼睛的协调、配合，则很难完成书写任务。孩子成长过程中，面临的学习或特长发展等任务，都需要专心致志。可见，学龄前鼓励孩子多动手，多运动，提高他的动作能力，会为上学后顺利完成学习任务，打下基础。

　　还有一点很难能可贵的是，这位奶奶耐心地抱着宝宝，看着宝宝一点一点地把鸡蛋壳剥完，奶奶没有一丝的着急或不耐烦，而是静静地陪着宝宝剥，让宝宝感受到奶奶对她的信任、耐心以及爱心，宝宝在这种放松、专注中巩固了对奶奶的情感联结，也激发了宝宝的爱心和耐心，以及对他人的信任感。奶奶搂抱着宝宝，也让宝宝感到安心踏实。因为搂抱是婴幼儿感受到爱的最重要、最基本的方式之一，也是让宝宝感受到开心、幸福、安全的重要方式。

　　除了剥鸡蛋壳之外，日常生活中还有更多的动手机会，例如独立吃饭、穿衣服、鞋袜、系扣子、分辨什么物品可以拿（抓握），什么东西不能拿等，都需要家长的耐心陪伴，让孩子慢慢锻炼，而不是家长代替孩子去做，代替孩子成长。只有让孩子亲自尝试、锻炼，孩子才能成长。

四、婴幼儿多动要伴随多听

　　在这个视频中，需要改进的地方是家长要增加与宝宝的互动，让宝宝听到更多、在实践中体会更多。在剥鸡蛋壳的过程中，宝宝很专注地剥，家长可以根据孩子的情况进行适时的互动。

　　例如在开始剥鸡蛋之前，家长在递给宝宝煮熟的鸡蛋时，可一边给宝宝演示，一边说：鸡蛋壳是硬的，宝宝捏一下，看是不是硬的。这能咬动吗？宝宝试试。哎哟，太硬了，宝宝咬不动的。要把鸡蛋壳剥掉。先把鸡蛋壳打碎，宝宝自己来打碎鸡蛋壳。对了，宝宝开始剥鸡蛋喽。根据宝宝剥的情况，可以说：宝宝剥掉了一块喽，又剥掉一块，这次剥掉一大块。当宝宝把鸡蛋壳全部剥完之后，可以说：宝宝会剥鸡蛋了，剥掉壳，露出软软的熟鸡蛋，宝宝就能吃了，宝宝真能干(听起来更多是废话，但是这个过程让宝宝听到了更多的词汇，这就达到了多听的目的)！

家长多说，让宝宝多听是养育宝宝的基本原则或方法，家长在必须陪伴或看护宝宝的时候，就要有意识地提醒自己，注意给孩子多说，让孩子听到更多、更丰富的词汇。在宝宝动手或运动的时候，通过多描述活动情况，不仅让宝宝听到更多词汇，同时也感受到家长对他的关注和爱，这都将对大脑潜能开发发挥事半功倍的效果。

第四节　爱心秒变"坑娃"做法

【案例】：

朋友发来小孙子练习爬行的视频。

小宝宝6个多月，正是在翻身学习爬行的阶段。奶奶用一个玩具熊逗引他向前爬，小宝贝用尽全力，手臂、腿脚、头一起费劲地向前拱，向玩具爬去。从视频看，这个小宝宝也是拼了。奶奶在旁边不断地给宝宝加油打气(这点做得非常好，点赞!)，宝宝最终用两只手抱到了玩具熊，非常开心。

但是奶奶瞬间从宝宝手里拿掉玩具，放在前面10cm远的地方，给宝宝说："宝宝真能干! 再爬一会儿! 奶奶给你加油! 你再往前爬一点，就拿到小熊了! 宝宝加油!"宝宝不高兴地叫了一声，趴在原地哼哼，奶奶继续给宝宝加油，说："宝宝加油! 看玩具熊叫你呢，再爬一小段。"不等奶奶说完，宝宝一翻身，仰面躺下开始哭，奶奶连忙用玩具熊逗引宝宝，宝宝很快转移注意力，停止哭。奶奶让宝宝看到玩具之后，继续说："宝宝再爬一会儿，再锻炼一下。加油，去抓小熊。加油爬啊! 来小熊在这儿呢。"宝宝翻起身准备开始爬，但是他明显有些不高兴，他看了一眼小熊玩具，他一边哼唧，一边爬了一下，又原地一翻身，仰面躺着开始哼唧，最后还是忍不住哭了起来。

让孩子多运动，对孩子的成长至关重要。很多家长都会很重视孩子的运动(或动作)发展。但是家长也会在无意中"踩坑"，反而阻碍孩子运动(或动作)

的发展。一是过度督促,二是过度保护,下面结合案例来详细解释。

一、过度督促,抑制宝宝的运动积极性

案例中奶奶督促宝宝多爬,想让宝宝多锻炼的做法,对宝宝来讲有点过了。对孩子来讲,每个动作都需要一个艰难的学习过程。在我们成人看来很容易的爬行,对小宝宝来讲实属不易,所以家长不能太着急,否则真会揠苗助长。另外家长也要了解小宝宝的心理,满足宝宝的心理需要。案例中的奶奶总想让宝宝多锻炼,早点学会爬,但是她没有满足宝宝的心理需要,所以宝宝最后以罢工、躺平、大哭来抗议。如果要鼓励宝宝多动,应该怎么做呢?

(一)以宝宝的意愿为主,顺势引导

视频中,看似宝宝被家长放置的玩具所吸引开始爬,实际上是家长恰好在宝宝想爬(或者不反感爬)的时候,用玩具吸引了一下他,引导他爬。既然宝宝喜欢这个玩具,受到玩具的吸引,他就会努力地爬,拿到这个玩具。然后用自己的方式探索这个玩具,满足一下自己的好奇心。在0—2岁这个阶段,宝宝是用感觉、动作(运动)来认识世界的,所以他拿到玩具之后,就会先啃咬,然后抓握着甚至抡起胳膊摔打玩具等。总之,用自己的各种感觉来认识这个玩具,也满足一下自己啃咬玩具的心理需求(弗洛伊德认为这个阶段是口唇期)。如果孩子好不容易拿到玩具之后,还没有来得及啃咬一口,就瞬间被奶奶拿走,宝宝就会很失望,也很生气,就不会为了拿到玩具再继续去爬。因为他知道他拿到也没有用,而吸引宝宝练习爬行的动力恰恰是各种玩具或某个人,奶奶移走玩具熊,本来是为了鼓励宝宝多爬,但是她的做法反而消减了宝宝继续爬行的动力,结果阻碍了宝宝继续学习爬行。

再说了,宝宝爬行10cm拿到玩具,比成年人爬上一座小山头还要费劲,宝宝会感到筋疲力尽。宝宝拿到玩具之后,自己玩一会儿,也会让宝宝休息一会儿。等宝宝玩够了,不想再玩这个玩具了,家长完全可以换另一个玩具吸引宝宝继续爬。如果宝宝不想爬了,那就换其他的活动项目,如抱起来,扶在胳肢窝下,让宝宝跳几下,边跳边念念诗词儿歌等,这也是让宝宝锻炼的方法。

我及时将建议反馈给了这位奶奶,她马上进行了改进,宝宝很快就学会了爬行。

(二)满足宝宝的需求,循序渐进

宝宝在每一个阶段都会因为神经系统的成熟,逐渐喜欢一些活动,6个月左右喜欢翻爬,再过一段时间就会喜欢坐、喜欢扶着东西站、迈步、走等。在每个阶段，宝宝都有特别喜欢的相应动作，因为在这个阶段，会有相应的脑神经联结大量地爆发生长出来，促使宝宝喜欢做出这个动作。在练习的过程中，这些脑神经会越来越稳定、巩固，同时也越来越精简，让动作越来越高效。当然每一次练习都要以宝宝喜欢为前提，任何强制都不会起积极作用。这也是0—6岁家庭引导孩子学习的基本前提或原则，任何早期引导或教育一定要以满足宝宝的需要为前提，根据宝宝的喜好，选择活动方式，将引导内容巧妙地融入这些活动中，做到润物细无声，否则宝宝都会抵抗或躺平。

（三）让宝宝体会到爱，尊重选择

在这个视频中，家长不停地给宝宝加油打气，一方面可以让宝宝多听，另一方面这种加油打气会让宝宝感受到爱。因为宝宝感到他的活动受到了家长的关注，虽然他听不懂家长说什么，但是家长总是合着宝宝爬的节奏，说着加油的话语，宝宝就能感受到家长对他的鼓励和爱，宝宝就会更加用力地向前爬。视频前半段家长做得很好。但是在宝宝抓住玩具之后，后半段做得就有些着急了，就不是尊重宝宝的做法。宝宝拼力拿着玩具只想好好玩一玩，但是玩具却瞬间被奶奶拿走了，奶奶只想让宝宝继续爬，祖孙两人的想法发生了冲突。由于宝宝处于弱势，只能眼睁睁地被家长"夺"走玩具。结果宝宝只能以躺平、生气地哼唧，最后大哭来表示抗议。

所以要鼓励宝宝行动，最重要的是要尊重宝宝的选择，宝宝抓到玩具想玩，就让他尽情地玩，满足宝宝的心理需要。然后换一个玩具再去吸引他，让宝宝自己选择是继续爬？还是换一种玩法？这才是尊重宝宝的做法。只有这样才能更好地调动宝宝活动的兴趣。

二、过度保护，限制宝宝的运动发展

【案例】：

朋友给我发来小孙子的视频。这个小宝宝1岁3个月，刚学会走路，处于酷爱走路的阶段。经常很兴奋地在社区到处走着、玩耍。看到社区路边的长木条凳，就试图爬上去。对于这个小宝宝来讲，要爬上长条凳还有一定困难。但是他很有兴趣，不畏艰难。他很努力地往上爬，试了几次，都没有成功。爷爷边拍视频，边不停地在后面儿说："宝宝不敢爬，宝宝不敢爬。""宝宝爬不上去，不敢爬"这两句话在视频中一直伴随宝宝爬凳子的全过程。但是这个宝宝不听爷爷的，仍然努力地试着往上爬。这个地方爬不上去，就往前走两步，继续爬。这样不断试了多次，看自己实在爬不上去，就绕到长条凳后面的草坪，那里比路面略高一点，估计宝宝想踩着草坪爬上去(这个宝宝很会想办法)。但是由于他刚刚学会走路，在草坪上走路不稳当，他有点胆怯，但还是看着长条凳方向。爷爷担心他摔倒，就牵着他的手，将他领出来。宝宝只能顺从地走出草坪，回到水泥路，爷爷才放开手。这时宝宝又被其他小朋友的玩具所吸引，就离开了长条凳，最终也没有爬上去。

很多家长为了孩子的安全考虑，在很多情况下，都会阻止孩子的运动。例如案例中的这位爷爷。对孩子的安全始终保持高度警觉，这是所有看护人的基本理念和做法，这一点非常值得肯定。但是也不能因噎废食，为了安全而过度保护，影响孩子的正常探索。案例中的爷爷就有些过度保护，影响了宝宝探索的兴趣，也影响了宝宝的运动机会。如果宝宝没有机会进行充分运动，就有可能导致多方面的问题，例如动作不协调，动手能力低下，学习动作、技术困难等；学习能力低、思维不灵敏、唱歌跑调儿、易口吃等，导致孩子挫折感多，缺乏自信心等①。

宝宝虽然努力尝试，但是由于自己的力量不够，又没有爷爷的支持，最终努力失败，让孩子失去一次尝试成功，建立自信的机会。

在这个案例中爷爷知道宝宝爬不上去，就自始至终不断否定孩子的行为，不断重复"宝宝爬不上去，宝宝不敢爬"。过多的否定性语言，往往不利于孩子大脑潜能的开发，会抑制孩子大脑的发育。如果家长明白这个道理，可能就不会说很多否定性语言，抑制孩子的大脑发育。但是在现实生活中，我们很多家长往往会无意中说出大量否定性的语言。比如案例中的爷爷，他在无意中就一直阻止孩子进行探索、去挑战自己的能力，去多运动、多锻炼。多锻炼、多运动的过程是刺激大脑发育的最好良机。爷爷在这个过程中没有说一句鼓励的话，全程用否定的语言阻止孩子进行运动(爬上去)。当然，我们理解爷爷为了保障孩子安全的心理。但是，我们在日常生活中有没有办法让孩子既进行自主的多运动，多探索，去认识世界、感知世界，又保障安全的做法呢？

我们还是以这个小视频为例。如果爷爷想让孩子多运动，就可以鼓励宝宝往上爬，不仅口头要鼓励，说："宝宝真勇敢！加油！使劲爬。"先让宝宝多试

---

① 钱志亮著：《科学的早期教育》，北方妇女儿童出版社 2019 年版，第 180 页。

着爬几次，给宝宝多运动、多锻炼的机会。看到宝宝实在爬不上去的时候，给他一个支点，比如看准时机把脚恰当地垫在宝宝脚下，让宝宝能够爬上去。然后爷爷用手牵着宝宝，让他在这个长条凳上走一走。为了防止宝宝踩脏长条凳，妨碍其他人坐，宝宝走完了，可以用纸巾擦一擦。经过这个运动过程，宝宝就会有很多收获和好处。

三、多运动对宝宝的好处

(一)增强自信

"要想知道梨子的味道，就得亲口尝一尝。"同样，孩子认识世界也是需要通过亲身实践或体验，通过各种感觉器官来感受外在的世界。例如看到这个长条凳，它到底有多高？爬上去到底难不难？爬上去是什么感觉？孩子一般都会高估自己的能力或力量，所以这个宝宝毫不犹豫地爬这个长条凳，他认为自己一定能爬上去的。结果他爬了几次都失败了。但是他不气馁，他动脑筋、想办法，绕到草坪上，准备利用草坪的垫高爬上去，最终被爷爷牵了出来。

如果爷爷鼓励他往上爬，又恰当地协助宝宝爬上木条凳，他就能体会到，只要自己努力，就可以爬上去，就能实现自己的目标，就会增强孩子的成就感和自信心，以后就会产生更强烈的探索动力。

(二)认识世界

0—2岁的宝贝们是通过感觉和运动来认识世界的。周岁前的踢脚、挥手、翻身等是运动，会走路之后，他们的走、跑、翻、钻、爬、转、滚、扔、接等都是让宝宝们多运动的过程。宝宝想爬长条凳，就鼓励他爬上去，通过爬让他真实体会到自身的力量以及高度的概念，这就是通过运动认识客观世界的过程。

当宝宝站在凳子上时，他体会到用全新的视角来看和观察周围世界的新感受。例如感觉到自己一下子变高之后，看到熟悉的爷爷和周围物体的高度和以前不一样的新奇感受。

如果爷爷扶着孩子在条凳上走一走，他又会为保持平衡感到新奇，或胆怯、或好奇，总之不仅锻炼了宝宝保持平衡的运动能力(平衡觉)，还提高了孩子的胆量。

如果爷爷让宝宝在长条凳走完之后，用纸巾擦拭长条凳。宝宝看到爷爷的这个动作，就会逐渐形成公德意识，学习为他人考虑的做事风格等。

（三）开发潜能

鼓励宝宝去爬长条凳，他不断向上爬的过程，就是在锻炼他的大动作以及肢体运动协调的能力。最终爬上去之后，他才能体会到克服这个高度还是有一定难度，在爷爷的帮助下爬上去的话，孩子就认识到真实的高度和自己力量之间的关系。让孩子体会到的外在世界越丰富，他认识到的世界就会越真实，他脑海里储存的信息也越丰富，对他的大脑发育就越有利，孩子就会表现得越聪明、灵活。

著名心理学家、教育家和哲学家、发生认识论创始人皮亚杰指出："感觉运动智慧产生了两种十分重要的进展。一是动作协调起来了，并且这就是以后逻辑和运算的根源……二是……为某些基本概念做准备——物体永久性、因果关系、空间以及时间的连续。"①也就是说，运动发展得好不好，不仅对孩子的逻辑推理能力和运算能力有影响，而且对因果关系、空间关系以及时间的连续性等抽象概念的理解也有影响。上学之后，孩子的逻辑推理能力和运算能力不足，很可能与0—2岁期间宝宝的眼睛看得不够，耳朵听得不多，皮肤被抚摸或主动触摸得不多等感觉器官以及运动（或动作）发展不够有关。因此，早期感觉和运动（动作）的发展对孩子后期的发展至关重要。

我记得有一位同事家里书桌和书柜之间有一个狭小的空间，他孩子小时候就自己钻进去而退不出来了，最后在家长的协助下才慢慢退出来，这就是宝宝探索的过程。虽然遇到了退不出来这样的意外，但是这个过程让这个小宝贝满足了自己探索未知空间的好奇心，也理解了空间大小的概念。

可见，宝宝爬凳子的动作，让宝宝体会到了大量的新感受，接收到了大量的新信息。如果孩子的主动探索行为得到家长的鼓励和支持，他就会更进一步发挥自主性，更积极、主动、勇敢地探索外面的世界。

第五节　说"数字"，有奇效

【案例】：

华为百万年薪招聘 8 名博士的新闻冲击着世人眼球，在感受国家和行

---

① ［瑞士］皮亚杰著：《皮亚杰教育论著选》，卢濬选译，人民教育出版社 2015 年版，第 3 页。

业间竞争激烈的同时，更多的人感叹"别人家的孩子"怎么这么优秀？

华为之所以高薪揽才，说明这些人才掌握着支撑企业发展的核心竞争力。

不论这些人才的专业方向是什么，有一点不可否认，他们的工作都与数字或数学有关。

有家长想，不一定要将孩子培养成神一样的人才，起码上学后学数学时不要太困难。

怎么才能让孩子上学后轻松面对数学呢？

数学是基础学科，其重要性在学界早有共识的。1978 年美国教授斯蒂文森来中国访问时发现，中国幼儿园小朋友的数学能力普遍高于美国小朋友，他回国之后向国会呼吁要加强幼儿园小朋友的数学学习。

家长会有一些疑惑：一是幼儿园就学习数学，是不是太早了？二是这么早学习对孩子有啥好处？会不会学伤？三是怎么教，小朋友才能接受和理解数字和数学？

先简单解答前两个疑惑，因为这些道理前面都反复讲过。

一是幼儿园学习数字和数学不算早。研究表明，"三四岁儿童大脑的成熟已使他们能理解数字"。① 其实孩子早在 5 个月大时就已经有明确的数感②。所以在平时哄娃时，可以放心地把数字带进娃的生活。

二是尽早学习数字的好处。根据孩子成长的特点，孩子在 0—6 岁有密集的敏感期，让孩子尽早接触数字，接触算数，会让孩子喜欢上数字、算数和数学，减少上学时学习算数和数学的障碍。研究发现，日常生活中家长只要经常使用数字，让孩子听到数字，如在 2 岁时经常听到"一、二、三，开始"或"给你两块饼干""5 分钟后吃饭"等这样带数字的语言，他们上学之后，学习数学就会比没有经常听到数字的孩子轻松。③

下面详细介绍"怎么教"的问题。

---

① ［美］凯斯琳·史塔生·柏格尔（Kathleen Stassen Berger）著：《0—12 岁儿童心理学（第六版）》，陈会昌译，中国轻工业出版社 2016 年版，第 295 页。

② 边玉芳等编著：《儿童心理学》，浙江教育出版社 2009 年版，第 162 页。

③ ［美］凯斯琳·史塔生·柏格尔（Kathleen Stassen Berger）著：《0—12 岁儿童心理学（第六版）》，陈会昌译，中国轻工业出版社 2016 年版，第 295 页。

一、从数数开始

生活中数数的机会比比皆是。

抱着孩子遛弯时，可以给孩子数自己的步数，或者数周围的物品，如树木、楼层等。抱着孩子上下楼梯时，可以给孩子数楼梯，让孩子脑海里留下1、2、3等数字的印象。住电梯房的家庭，在每次上下楼时，可以看着跳动的楼层数字，给孩子念数字。

在家听音乐的时候，家长也可以边踩着节奏，边数数。例如听华尔兹音乐的时候，可以抱着娃踩着舞步，有节奏地边晃边说：1、2、3，嘣嚓嚓。

当孩子会坐，开始玩积木的时候，可以说：1块积木、2块积木、3块积木，3块积木就能搭起一间小房子。

当孩子自己会走路时，家长可以和孩子一起，边走边数楼梯或数步子。

可以和孩子一起数一数家里有几口人，家里来客人了，再数一数等。

平时吃水果、零食的时候，可以一个一个地递给孩子，边递边数。

有一位家长说：她经常和孩子上下楼梯时边走边数，她孩子不到3岁就能数到100，而且非常喜欢数字。这就是敏感期的作用。

统计中的大概率是，孩子在4—5岁时能数到20，6—7岁数到100，并能理解大小，会个位数的加减法，8岁会两位数加减法等[1]。但是家长的实践证明，经过练习，不到3岁的孩子也能轻松数到100，5岁左右就会口算5位数的加减法。

这就是家长在孩子成长过程中，有没有给孩子搭建学习的"脚手架"的区别。

二、理解数字

学会数数的同时，还要让孩子理解数字。

"学龄前儿童可以显示出对数字令人惊讶的理解能力"[2]

教孩子数数的同时，要让孩子理解数和实物的一一对应关系；

在日常生活中，可以经常让孩子参与饭前摆碗筷。数一数家里几个人，摆

---

① ［美］凯斯琳·史塔生·柏格尔（Kathleen Stassen Berger）著：《0—12岁儿童心理学（第六版）》，陈会昌译，中国轻工业出版社2016年版，第408-409页。

② ［美］罗伯特·费尔德曼著：《发展心理学》，苏彦捷、邹丹译，世界图书出版公司北京公司2013年版，第262页。

几双筷子、几个碗、有几碟菜等。平时抽时间和孩子一起数数物品，如一堆小西红柿、几个苹果、几个梨等。数的时候，变换一下形状，例如让孩子摆成直线，从左数到右、再从右数到左；再让孩子动手摆成圆圈，顺时针数、逆时针数；再摆成不规则弯弯曲曲的形状，再让孩子数一数，经常玩这种游戏，让孩子逐渐明白数数的时候既不能重复数，也不能漏数，数完之后最后一个数字就是所数的总数，让孩子理解只要全部都数到，就可以知道总数。当然，不要希望玩一次游戏，就能让孩子明白。

这种摆各种形状进行数数的做法，是皮亚杰在书中提到的一个例子①，是他的一位数学家朋友在四五岁时自己在花园数石子的经历，正是这次玩耍过程，让他最终对数学感兴趣，成为数学家。皮亚杰认为这种编排和数数的动作过程是逻辑的起点。

可见，不仅集中或编排东西顺序的动作，在日常生活中让孩子多动手、多参与家务劳动，都是建立逻辑思维的过程。例如整理物品、扫地、饭前准备、饭后收拾等，都具有一定的逻辑关系。

家长可以用周围环境中的一切能数的东西，创造各种机会让孩子数一数，这样孩子就慢慢知道，很多东西都能数，都有数。

三、理解"多少"

教孩子数数，也要让孩子理解数字的含义。这就和"多和少"的概念有关。例如给孩子吃零食前，可以给他摆成不同数量的两份（有二宝的家庭机会更多），分辨清楚不同的数量，然后问孩子要哪一份。孩子一般会选择多的那一份。家长只要说一句，"胃口不错，你要多的这一份"。孩子就知道一个数字比另一个数字多。

有二宝的家庭可以设计更丰富的方案，例如让大宝分，二宝先挑的方法，让孩子们理解"多和少"，也逐渐建立公平的概念。

对于两三岁的孩子，家长就可以和孩子一起数数这两份各是多少？家长可以和孩子一一对应地比一下，让孩子知道这份比那份"多"几个，那份比这份"少"几个。

家长不必马上让孩子理解其中的全部含义，只要在生活中多重复，孩子就

---

① ［瑞士］皮亚杰著：《皮亚杰教育论著选》，卢濬选译，人民教育出版社2015年版，第22页。

会慢慢懂得"多和少",并把数字和实物对应起来。

四、理解"排序"

把数字和实物之间的关系搞清楚了,排序"第几"就比较简单了。可以用不同的东西进行排队,问第几个是啥东西。或者让孩子发令,让家长把某个玩具放在第几个位置上,家长也可以故意出错,让孩子纠正,以提起孩子的兴趣。这为孩子以后理解数轴打下基础,排序是生活中的立体数轴。因为孩子的思维发展都是从直接的感觉、动作或运动等思维逐渐发展为抽象的符号思维。这是2—6岁孩子智力发展取得的主要成就①。

还有玩竞赛游戏,例如赛跑、赛车等,孩子们很直观地知道跑在前面的获胜,家长可以给孩子计时,让孩子知道用时少的获胜。冠军是第一名,亚军是第二名,季军是第三名,数字小的获胜。

在和孩子玩或者看篮球、足球、乒乓球等比赛的时候,让孩子明白得分的规则,得分高者获胜。让孩子理解数字在不同游戏规则中的不同含义。

五、理解"加减"

熟悉数字以后,还可以进一步玩加减法的游戏。研究发现:"到4岁时,大多数儿童能够靠数数进行简单的加减运算。"②

例如在家吃东西,如橘子,让孩子分别递给家人。在递东西的过程中,可以让孩子一个一个地递,也可以两个两个地递,例如草莓等小水果。问问一共分出去多少,这就是1或者2的加法。盘子里的越来越少,还剩下几个?这就是1或者2的减法。盘子里没有了,就是0个,这就是对0的认识。

还有将多种水果放在一起,如将苹果切成小块、圣女果、橘子瓣等,放在一起,让孩子给大家分,家长说,"我要1块苹果,2个圣女果,3瓣橘子",让孩子在拿取中学会分类。家长可以继续分类对话,例如家里有草莓、小西红柿和蓝莓3种水果,妈妈吃了3种水果,爸爸吃了2种等,让孩子体会出分类的含义。这些生活场景,都可以变换成家庭游戏,将数字和数学融入生活,让孩子在生活中学会数字和分类,为将来学习加减乘除等打下基础。

---

① ［美］凯斯琳·史塔生·柏格尔(Kathleen Stassen Berger)著:《0—12岁儿童心理学(第六版)》,陈会昌译,中国轻工业出版社2016年版,第288页。

② ［美］罗伯特·费尔德曼著:《发展心理学——人的毕生发展(第六版)》,苏彦捷、邹丹译,世界图书出版公司北京公司2013年版,第262页。

六、理解"时间"

理解"时间"，从认识"钟表"开始。认识数字以后，就可以教孩子认识钟表。很多孩子上小学都不认识钟表，家长总抱怨孩子做事情拖拉，没有时间观念。造成拖拉的原因很多，但是与孩子不认识钟表也有一定关系。孩子不认识钟表，自然就没有时间观念。有的幼儿园教孩子们认识钟表，但很多家长并不重视。认为孩子小，家长把握时间就行了。很多孩子上小学都是家长每天早晨叫早、催上学，晚上盯作业、催上床。

其实家长可以在孩子上幼儿园期间，甚至上幼儿园前(3岁左右)就给孩子教认钟表、定闹钟，这样让孩子自己学会控制时间，自己掌握生活的节奏。

顺便说一点，尽量让孩子晚上早点休息，对孩子益处多多，学龄前和小学生最好不要晚于9点。

七、认识"量词"

和数字有关的知识还有量词，这是关于物品的单位，学习量词有利于孩子理解分类。从功利的角度说，理解分类有利于孩子理解加减乘除法的规则，从发展的角度讲，这是促进孩子思维和大脑发育的过程。

从0岁开始在与孩子对话的过程中，建议家长将信息说准确、完整。例如在家给孩子指认物品时，说这是一个苹果、一个梨、一双筷子、一盘菜、一碗饭、一把椅子、一张桌子等。走在外面，告诉孩子这是一棵树、一片树叶、一朵花。看到小轿车，要说"一辆灰色的小轿车开过来了"，不要说"嘟嘟"来了等。这么表达将给孩子传递更多的信息，让孩子无意中储备更丰富的常识。

家长千万不要认为孩子小，啥都不懂，就用儿语代替，这就浪费了孩子的学习机会。

八、了解"单位"

在日常生活中"重量""容积"(体积)"长度"等都与数字有关。例如超市买完东西，家长可以让孩子帮忙提购物袋，让他们感受重量，有轻重之别。

提到重量的轻重，就有重量多少的区别。这就与"重量"和"容积"的单位有关。

小学试卷要求在括号里填写"单位"，有小学生这样填写：我妈妈买了一箱苹果，大的98(千克)，小的70(千克)，一瓶饮料2.5(毫升)等。

在养育孩子过程中，千万不能让孩子两耳不闻窗外事、两手不沾阳春水，一心只读圣贤书。让孩子多参与家庭活动以及家务劳动，会让孩子增长很多经验。休息的时候和家长一起去超市买东西，也是孩子们喜欢的活动。这个过程家长除了给孩子一定额度的自由购物权限之外，不妨让孩子多帮忙选合适的物品。例如给孩子说买 2 升饮料，而不说买一大瓶。买 10 盒 250 毫升的牛奶、10 盒 80 毫升的酸奶等，而不说买一箱牛奶、一大盒酸奶等，平时喝饮料、牛奶、酸奶的时，和孩子一起看一下每盒(瓶)的计量单位等。总之，平时有意识地引导孩子注意一下计量单位。

还有，很多家庭都会经常和家人一起称体重，或者给孩子记录身高等，在称体重时可以让孩子给大家报一下体重数，而不是家长"亲力亲为"地看数字、报数字。家长可以顺便给孩子解释一下"公斤""千克"和"市斤"关系。

学龄前孩子，可能不会换算。这没有关系，但是要让孩子熟悉这些计量单位，熟悉这些计量单位的名称以及实际对应的数量，上学之后不至于犯常识性错误。

作为家长会认为这些常识都是不用学的，似乎是"地球人都知道的"。岂不知在生活中，有很多的常识是需要细心学习的，家长平日这样润物细无声地将生活中的常识，经常展现给孩子，也让孩子学会在生活中注意学习细节内容的习惯。有些成年人特别擅长过目不忘，而有些人则经常"视而不见""充耳不闻"，这就与从小养成的记忆习惯有关系。

正如著名学者罗伯特·塞格勒对儿童数学认知发展细节进行逐日考察之后发现，儿童并不像人们期望的那样，达到某个年龄就会"突然理解了数字体系。对数的理解是逐渐积累的"。"塞格勒把知识学习比作涨潮时的海浪。经过反复的潮涨潮落，最后(才能)达到一个新的水平。"①

只要家长留心和用心，生活处处都是家庭小课堂，这种关注孩子的兴趣，给孩子经常解释周围的世界，让孩子接受更多的信息，一方面让孩子感受到家长对他的关注、关爱，另一方面会给孩子输入大量的信息，塑造着孩子的大脑，开发孩子的智力。避免有些家长守着孩子看手机，浪费了自己宝贵的陪伴时间，也浪费了孩子早期宝贵的轻松学习机会。

---

① [美]凯斯琳·史塔生·柏格尔(Kathleen Stassen Berger) 著：《0—12 岁儿童心理学(第六版)》，陈会昌译，中国轻工业出版社 2016 年版，第 397 页。

第六节 小伙伴，更重要

【案例】：一位年老的独生子女写给学者的一封信①

亲爱的摩尔先生：

我在 10 月 30 日的杂志上看到了您有关独生子的报告。我是一个独生子，现在 57 岁了，我想跟您谈谈我的生活。我不仅是一个独生子，而且在我成长的那个乡村，周围没有小孩可以一起玩耍，从上一年级开始，我就被嘲笑。我特别害怕坐校车去上学，因为校车上别的孩子叫我"妈妈的宝贝"。二年级的时候，我听到男孩们开始说粗俗的话。我问他们这些词是什么意思，他们就嘲笑我。从此，我吸取了一个教训——不要问问题。这使我经常感到很困惑，因为我经常会听不懂别人的谈话，但是我又不敢去问是什么意思。上学的时候，我从来没有跟女孩子出去过，事实上我几乎不跟她们说话，在我们学校，男孩和女孩不在一起玩。男孩在操场上的某个地方玩，女孩则在另一个地方玩。因此我不了解有关女孩的任何事情。当我上高中的时候，男孩和女孩开始约会，而我却只能听别人约会的故事。

我还有很多话要说，但我最想说也最重要的是，我从来没有结过婚，没有小孩。我在职场上也不是很成功。我认为我所遭遇的这些困难，并不完全是由于独生子的缘故，但是我认为你建议学龄儿童要有同伴，以及成人不要过于严厉地监管他们是正确的。独生子的父母应该尽量努力为孩子寻找同伴。

你真诚的朋友。

有些家长认为，案例中的老先生小时候住在乡村，家庭条件不好，家里也没有什么玩具，也没大人陪着玩，所以无法满足孩子玩耍的需要。认为现在很多家庭可以满足孩子的一切，孩子想要的、想玩的，家里应有尽有，甚至有些家长学习或自创很多游戏，专门在家陪着孩子玩，孩子在家就能玩丰富多彩的游戏。孩子与其他小朋友玩不玩，都没有关系，省得受到不良的影响，这些真

---

① ［美］戴维·谢弗著：《社会性与人格发展》(第 5 版)，陈会昌等译，人民邮电出版社 2012 年版，第 470 页。

的能代替孩子与小伙伴玩耍游戏吗?

一、亲子游戏,不能代替同伴玩耍

案例中的先生从小是一位"妈宝男",完全听大人的指导,没有机会和小伙伴玩耍,因此他不知道如何与同龄人沟通、交往,不理解同伴间的语言,遭到同龄伙伴的排斥,不能顺利融入同龄群体。成年之后,在生活中不懂得与异性相处,没有结婚,也没有孩子;工作也不顺利,信中充满遗憾。他认为自己一生遭遇的困难,都与小时候缺乏小伙伴、家长监管太严有关。

这个现象很难在人类中进行试验,但是心理学家还是用动物进行了试验,这就是之前提到过的哈罗的恒河猴试验。

哈洛及其同事把恒河猴及其母亲放在一起饲养,不让这些猴子与同伴玩耍、交往。这些"只有母亲"的猴子(mother-only monkeys)长到一定程度,把它们放到同龄的猴群中,发现这些猴子会躲避猴群;有时,当同伴接近他们时,他们还会表现出很高的攻击性。他们的不合群和攻击性通常持续到成年阶段。可见,只有母亲,没有同伴的猴子不能形成正常的与同类交往的能力。猴妈妈不能代替小猴间的互动玩耍。

小猴子的实验,虽然不能直接说明人类的行为。但孩子与家长间的游戏、互动,能否代替与小伙伴间的玩耍互动?他们之间有什么区别呢?

孩子出生以后,存在着"两个社交世界",一个是成人与孩子之间的世界,另一个是孩子与同伴的世界,这两个"世界"对孩子产生的影响是不同的。

在孩子与父母的世界里,他们之间的互动一般是不平等的,大多数家庭会呈现两种情况:一是家长居高临下,孩子只能处于从属的地位,经常不得不服从家长的权威。二是家长无原则地溺爱孩子,孩子在家具有至高无上的特权,具有"小皇帝"或"类似上帝一样"的地位。家长与孩子平等相处的情况少之又少。

孩子与同伴交往,最突出的特点是平等。这就会促使他们在与同伴交往中,调整他们的交往方式,学会与其他人平等交往。逐渐理解伙伴间的肢体、表情、语言等特殊含义,学会融入、适应小伙伴群体,并逐渐学会胜任小伙伴群体的角色等,这是孩子与家长相处所不能学到的。案例中的老先生,由于从小缺乏这样的经历,一直到年老,都没有学会与其他人交往,包括与异性、同事或朋友相处,进而造成自己生活和工作中的困难和遗憾。老先生的经历再次为阿德勒的研究结论提供了有力支持。阿德勒认为,"生活中的每一个问题,几乎都可以归纳于职业、社会和性这 3 个主要问题之下"①。其中"职业"指工作技能和同事关系,"社会"指朋友之间的关系,"性"指两性之间的关系,也可以扩展为情侣或夫妻之间的关系等。在人生的这 3 个问题中,有两个半都属于人与人之间的关系问题,即职业中的同事关系(算半个)、朋友(社会)和两性(性)之间的关系。因此,阿德勒说:"人的烦恼皆源于人际关系。"②也就是说,如果处理好人际关系,人生的大部分问题都能得到解决。

反之,如果处理不好人际关系,即使具有很高的工作技能或聪明才智,也会在工作或生活中困难重重。极端的负面案例,如中外高校中的高才生弑亲、投毒、杀人等恶性案件,特别是他们的作案对象往往是与他们有密切关系的人,如导师、舍友甚至是他们的父母等,直接原因都与他们不能处理好人际关系有关。可见,仅有高智商,并不能保障他们的人生能够幸福顺利。

学会与人相处的敏感期在学龄前。研究发现孩子出生之后,就对其他婴儿的哭声有反应,6 个月就能与小伙伴开始真正的互动。可见,与人交往需要从襁褓中开始培养或学习的,随着孩子成长,家长要逐步放手让孩子与小伙伴多玩耍。案例中的老先生用自己的亲身经历呼吁让孩子从小与同伴多交往,减少父母对孩子的严厉管理等。

二、与同伴多玩耍关系到孩子的幸福

【案例】:

我女儿 4 岁半,各方面都挺好的,就是活动量有点少,体质较弱,秋冬容易生病,上幼儿园经常请假。为了让她增加活动量,给她报了一个篮球班。

可是,上篮球课时又发现了新问题。每次上篮球课,她都会哭。刚开始的两三次课,都是刚一上课,老师带着小朋友开始做准备活动,她就开始哭。现在已经上七八次课了,课程中间她还是要哭。问她原因,她说想妈妈了。可是我就坐在场地边。老师说她不是想妈妈,但也说不清她到底为啥哭。老师只能单独陪着她玩一会儿,她就慢慢开始融入群体,和小朋友一起上课、一起玩。等到快下课时,她玩得可开心了。

---

① [奥]阿德勒著:《超越自卑》,黄光国译,江西人民出版社 2011 年版,第 6 页。
② [日]岸见一郎、古贺史健著:《被讨厌的勇气》,渠海霞译,机械工业出版社 2015 年版,第 36 页。

我就不明白，每次上课结束的时候，她都能玩得很开心，可每次上课为啥还要哭呢？再说了，她上幼儿园表现得也挺好的，为啥上篮球课，妈妈就在身边还会哭呢？

看到这个案例，我问家长，孩子平时是否经常有机会与小朋友玩。家长说很少，要专门约。平时幼儿园放学以后，很难找到能一起玩的小朋友，因为很多小朋友放学离开幼儿园，就直接去上各种课外班了，根本没有时间一起玩。

案例中这个小朋友的主要问题是她不知道如何融入陌生群体，这是很多孩子，特别是独生子女都存在的问题，只是孩子们的表现不同而已。而从小与小伙伴多玩耍才是真正解决这类问题的最佳手段。

（一）玩耍中学会主动融入的技巧

如何用恰当的方式融入陌生群体，是一个孩子融入社会的基本技能。学者研究发现，当一只小猴子想和同伴儿玩耍的时候，他必须靠近同伴儿，吸引同伴儿的目光，然后跑出去几步，再回头看看，这种邀请式动作，几乎总能被其他猴子接受，其他猴子会以游戏的面孔，而不是愤怒的面孔作为回应。

小朋友也一样，他们要融入陌生群体也有自己特有的表情、动作或声音。先要让其他小朋友关注到自己，然后再接纳自己，与他们一起玩。例如一个家长给我说，她家宝宝刚刚会走路，还不会说话，她带宝宝在社区玩耍时发现，她宝宝想和大一点的小朋友玩时，就走过去，把自己的玩具递给对方。对方看到他的玩具，不一定喜欢，但是宝宝的这种态度，往往能赢得对方的友好回应，与她说几句话、照顾她一下。还有一个 2 岁左右的小朋友在社区想与其他小朋友玩耍时，他会凑近那个小朋友，静静地看对方玩玩具，看的过程中，就和那个小朋友搭话，说几句话之后，他们好像就熟悉了，然后就开始一起玩。这就是小朋友学习与人交往或融入陌生群体的技能。没有这样的经历，家长也无法教会孩子怎么去与其他小朋友交往或融入，只能让孩子与其他小朋友多玩耍、交往，在玩耍互动中学习。案例 1 中的老先生，从小没有这样的锻炼机会，终身都不会与异性、朋友以及同事相处，很难主动融入社会。

案例中的小朋友之所以在篮球课上哭泣，是因为当她面对不熟悉的老师和小伙伴群体时，她不知道如何融入新的群体。她就会感到恐惧或焦虑，就用哭声求助。老师单独陪伴她玩一会儿，消除她的恐惧，引导她融入小伙伴群体，她才能被动融入。融入之后，这节课她玩得就会很开心。每次上篮球课的小朋友都不完全一样，同时相隔一周，她对这个群体又有一些生疏感，因此，她就会再次哭泣。所以建议家长让孩子每天在社区与小朋友疯玩至少半小时，让孩子熟悉与小朋友交往的方式、技巧及规则等。

　　一年之后，家长的回复：

　　罗老师，孩子这几天学完习，就惦记着去院子里找小朋友玩，所以，我们忙完了，就立刻带她下楼玩儿。孩子最近也没有以前那么慢热了，而且现在不管是在兴趣班，还是在院子里，遇到小朋友很快就可以熟悉，乐意交往，感觉进步挺大。春节期间，有更多机会和表哥表妹玩，她也特别开心。我会继续留意这方面，让孩子与小朋友多接触、多体验。

（二）玩耍中学会协商、让步和合作

　　同龄伙伴的地位比较平等，他们在玩耍或游戏中，经常需要达成一些共同目标，或者友好相处，他们就必须学会理解对方的观点，学会协商、让步，最终学会合作。阿德勒曾经指出：虽然有些动物因为软弱，会团结起来成群结队地群居生活，"但是人类却比我们在世界上所能发现的任何其他动物，（都）需要更多及更深刻的合作"①。而玩耍是从小训练孩子们学会合作的重要途径。例如，孩子们一起玩过家家或者扮演黑猫警长、孙悟空、白雪公主等戏剧性游戏，就能在游戏中学会恰当地理解别人的想法、学会说服玩伴或让步、配合玩伴。因为在游戏中，每个孩子都想当主角，但是一个游戏中只有一个黑猫警长或白雪工作，这就需要大家进行协商，让步，最后达成一致，完成角色分配，大家一起合作，完成游戏玩耍过程等。当然这个过程还能丰富他们的想象力，因此，同伴间的平等交往对孩子学会与人交往，恰当地处理人际关系非常重要，而这种能力在与家长相处中很难获得。

（三）玩耍中提高解决问题能力

　　与不同年龄的小伙伴相处，可以学会不同的技能。与年龄小的孩子交往可以促进年长孩子的同情心、照料他人、果断性以及领导能力的发展②从与年长孩子交往，年龄小的孩子可以学到很多新技能，还能学会顺从、巧妙地寻求帮助等（同上）。学会解决与不同人交往中出现的问题。

---

①　[奥]阿德勒著：《超越自卑》，黄光国译，江西人民出版社2011年版，第46页。
②　[美]戴维·谢弗著：《社会性与人格发展》（第5版），陈会昌等译，人民邮电出版社2012年版，第472页。

研究还发现，与小伙伴玩耍、游戏，孩子们还学会了情绪调节。孩子们在嬉戏打闹中体会到攻击他人的后果以及体验到被攻击的感受，激发了他们丰富的情感体验，学会对攻击行为的调节和控制，防止今后出现更为严重的攻击行为等。

(四)玩耍让孩子更聪明

孩子在与同伴玩耍、游戏中，无形中就会增加运动量，提高孩子身体机能全面发展，最直观的表现就是饭量增加，体质增强。除此之外，还有大家不熟悉的好处。

第一，运动让孩子变得更聪明。2000 年诺贝尔奖获得者、哥伦比亚大学神经学家埃里克·坎德尔(Eric Kandel)研究发现，任何一个学习活动，例如爬、踢腿、拍球或记忆单词等，都会激活相应的一系列神经细胞，形成一个新的神经回路。如果这些动作不再重复，这些微弱的联结将会消失，就表现为学习失败，即动作或单词没学会。如果重复这些活动或练习，就会再次激活这些神经细胞不断联结起来，就会使它们之间的联结更强健(突触肿胀)，更稳固(形成髓鞘)，最终就像树干长出新的分支一样，形成一个个新的粗壮的枝杈，即形成了稳定的大脑神经联结，表现为学会了某项技能，这也是塑造大脑的过程。这样就完成了一次学习①。

所以家长在陪伴孩子的时候，尽量给孩子创造让孩子能够自由活动、玩耍的环境，让孩子在运动和玩耍中激活更多大脑神经联结，让更多的脑细胞发挥作用。反之，缺乏玩耍、运动或缺乏信息刺激(也可以叫"学习活动")的孩子，由于大量脑细胞没有被激活、联结，最后就会萎缩或被裁减掉。孩子大脑中被激活的大脑细胞越多，他们的潜能开发得越好，表现为孩子的能力越强、越聪明。

第二，运动让"脑细胞肥料"增加。1995 年《自然》杂志上发表了加州大学欧文分校脑部衰老与阿尔兹海默症研究所主任卡尔·科特曼(Kare Cotman)的一篇关于"老鼠运动和 BDNF"的论文。这篇论文说明：运动提高了整个大脑的"优质营养肥料"。②

不仅如此，科特曼还对人脑进行了跟踪研究。他发现那些一直保持头脑处

① [美]约翰·瑞迪(John Ratey)、埃里克·哈格曼(Eric Hagerman)著：《运动改造大脑》，浙江人民出版社 2013 年版，第31-32 页。

② [美]约翰·瑞迪(John Ratey)、埃里克·哈格曼(Eric Hagerman)著：《运动改造大脑》，浙江人民出版社 2013 年版，第34 页。

于最佳状态，大脑(认知)功能衰退极少的人，具有 3 个共同特点：教育程度高、自我效能感强和运动多。研究发现，运动之所以成为减少大脑功能衰退的重要因素，就在于运动能够让人脑细胞的"优质营养肥料"增多①。

可见，动作或运动会促进孩子大脑中"优质营养肥料"增多，促进大脑发育。

(五)兄弟姐妹不能代替小伙伴

即使家里有二胎，或更多孩子，兄弟姐妹间的玩耍也不能代替与其他小伙伴的玩耍。

兄弟姐妹之间与不同年龄同伴之间的玩耍是有区别的。主要表现为以下 3 点：

年长的孩子在家习惯了年长的角色，他们只有在外与更年长的同伴交往时，才有机会学习与人协商以及妥协。

在家年幼的孩子，无形中会被年长的哥哥姐姐"压制""排挤"或"谦让""娇宠"，他们只有在外与更年幼的儿童一起玩耍，才能学习到如何领导别人和表达自己的同情心。

没有兄弟姐妹的独生子更需要和同伴玩耍，他们会获得上述两个方面的社会能力。

从这个角度看，不同年龄的同伴玩耍、互动，的确是一种非常重要的经验。

因此，很多发展学家一致认为，与小伙伴玩耍游戏，是孩子最喜欢、最愉快的活动，也是提高孩子社交技能，促进孩子大脑潜能开发最重要的途径之一。

因此，强烈建议家长要给孩子安排时间，或创造机会，让孩子与小伙伴自由地玩耍、游戏，这样更有利于孩子的健康成长。

---

① ［美］约翰·瑞迪(John Ratey)、埃里克·哈格曼(Eric Hagerman)著：《运动改造大脑》，浙江人民出版社 2013 年版，第 35 页。

第四章　亲密中爱上阅读

第一节　用故事养大的孩子不一样

【案例】：

这是一位用故事养大的孩子，名叫小小(化名)。从出生之后，妈妈就特别注意给孩子讲故事，上学前给孩子讲了大量中英文故事。上小学一年级之后，她妈妈每隔一段时间就会给我发来信息。我摘录一些：

"上小学第一个月在班级认字比赛中，成为'字海拾贝'的冠军，大照片贴在班级墙上，上学热情一下高涨很多。第二个月老师任命了一个拼音小官，上学热情更加高涨，更愿意去学校了。第三个月又任命了一个早晨领读的小官等。"

"(小学第一学期)参加了全校作文竞赛，获得优秀奖(获奖作品见文末)。"

"第二学期参加了陕西省电视台的亲子共读节目，获得了二等奖。"

"每次得了奖状，从来不装进书包，要走一路拿一路，仿佛在等待路人羡慕的目光或夸奖的话语……咋就不知道低调或谦虚点呢……"

"在生活习惯上，每天睡前会主动按照课表收拾书包，忽然感觉她一下长大了，好多东西她愿意独立去做了。"

"画画还是她的最爱。母亲节给我制作了一本母亲节绘本故事书，一年级暑假开始给报了美术班。"

"每天都有强烈的要写点什么的欲望，试卷上的作文写得也很长。"

"她最近越发痴迷看书了，或许算不上痴迷，但是在家没事儿就翻书，饭桌上、床上，到处都拿着书看，假期外出也要随身带着书，候机、候车、吃饭前、游玩休息时，总之停下来就会拿出书翻几页。"

关于阅读的意义，知乎上最高点赞的回答是："当我还是个孩子时，我吃过很多食物，现在已经记不起来吃过什么了。但可以肯定的是，它们中的一部分已经长成我的骨头和肉。"孩子读过的书，就像吃过的食物一样，融入了他的骨髓，提升了他的思维，淬炼了他的灵魂。诚然，"对于热爱读书的人来说，知识从来不只是一纸学历。它是你人生的通行证，是迈向成功最稳靠的踏脚石"。

那些从出生就开始听家长读书、和家长一起看书的孩子，一般都会在学龄前养成喜欢阅读的习惯，这一习惯甚至会保留一生，对成长有很多好处。

一、更快适应学校生活，学习更轻松

就像案例中的小小，上学之后马上就显示出自身在学习上的优势。当很多小朋友还在适应从幼儿园以玩耍为主到小学以学习为主的转变时，小小已经适应了学校的学习生活，上学之后就不断"当官"、获奖。

在小学一年级第一学期就获得全校作文竞赛优秀奖；第二学期的 5 月份过母亲节时，就自画自写创作了"猴子下山找礼物"绘本故事（故事内容见文末），立意新颖，情节完整。小小说她的理想是当"绘本作家"，这样她就可以做自己最喜欢的两件事：画画和写作文。写作文一般是很多学生最头疼的事情，而她的这个擅长和爱好，不知要引起多少家长和同学的羡慕。

小小马上要上二年级了。她之所以能够如此快乐地适应小学学习生活，得益于她从出生家长就注意跟她多说话，多讲故事。大量研究表明，3 岁前孩子听到的词汇数量和质量，不仅会影响孩子上学后的学习成绩，还会影响大脑潜能的开发[1]。世界著名脑科学专家梅策尼希认为，给孩子讲故事（学习）不仅能增加知识，更重要的是增强了大脑的学习能力，大脑替自己升级[2]。

如果孩子在 3 岁前，家长没注意给孩子多说话，特别是没有给孩子讲过大量的故事（故事书使用的是书面语言。书面语言是高质量的语言，词汇更丰富），在 4 岁之后，即使参加启智项目（即让研究人员专门给孩子讲故事），增

---

[1] ［美］达娜·萨斯金德（Dana Suskind）、贝丝·萨斯金德（Beth Suskind）、莱斯利·勒万特-萨斯金德（Leslie Lewinter Suskind）著：《父母的语言：3000 万词汇塑造更强大的学习型大脑》，任忆译，机械工业出版社 2017 年版，第 42 页。

[2] ［美］道伊奇（N. Doidge）著：《重塑大脑，重塑人生》，洪兰译，机械工业出版社 2015 年版，第 53-55 页。

加阅读或听故事的数量，让孩子听到更多、更丰富的词汇，开发智力潜能的效果也会大打折扣①。

之所以会出现这种结果，主要原因是家长无意中错过了0—3岁大脑快速发展或可塑性极强的阶段，错过了使用语言促进大脑发育的重要机会。另一个原因是，在这个阶段如果孩子缺少与家长一起读书的经历，或者孩子没有看到家长经常阅读的场面，就很难形成对书籍、文字的敏感，错失让孩子轻松爱上阅读的机会。这样孩子上学后就不喜欢看书，也不习惯老师用书面语言讲课，更不喜欢自己用书面语言表达自己的想法(写作文)。最后就会表现为学习困难，不爱上学等。

正因为如此，2014年，美国儿科协会宣称，孩子们一出生父母就该给他们读书。研究表明，如果父母一开始就给孩子读书，这些孩子"上幼儿园的时候，相较于同龄人，他的词汇量会更大，数学能力也更出色"。②

二、更好地理解他人，具有同理心

下面的案例是小小妈妈发来的。这个案例可以称为"用爱心说实话"。

> 昨天(小小5岁10个月)在幼儿园画了一幅画，画了3个小女孩，她给班里的一个好朋友说："你看，我把你画到我的画里了"(只有好朋友才能进入小朋友的画里，小小自己一定认为她把对方画得很美，所以才炫耀给对方看——作者注)。对方说："丑死了，你把我画得太难看了！"我问小小："你怎么想？"小小说："她说话没有站在听话人的角度，考虑我的感受。但是她有一点很好，就是她说了实话。"然后对我说："妈妈，《用爱心说实话》(绘本)里说，虽然要说实话，但是要说让别人温暖的实话。"

显然，阅读让年幼的小小具有一定的共情能力，能理解和照顾他人的感受，也让她明白如何说话不伤人，很好地把握与人相处的分寸感，这是很多成人都很难做到的。

---

① [美]凯斯琳·史塔生·柏格尔(Kathleen Stassen Berger)著：《0—12岁儿童心理学(第六版)》，陈会昌译，中国轻工业出版社2016年版，第313页。

② [美]达娜·萨斯金德(Dana Suskind)、贝丝·萨斯金德(Beth Suskind)、莱斯利·勒万特-萨斯金德(Leslie Lewinter Suskind)著：《父母的语言：3000万词汇塑造更强大的学习型大脑》，任忆译，机械工业出版社2017年版，第134页。

从一定意义上说，人类从婴幼儿到成人的成长过程，也是由生物学意义上的"自然人"向社会学意义上的"社会人"成长的过程。这个过程主要是学会与周围人打交道。孩子在成长过程中与周围人的关系最终归结为三类：朋友、同学(同事)以及与异性或夫妻等家人之间的关系。阿德勒说："人的烦恼皆源于人际关系。"①"成长的烦恼"之一，便是谁也绕不过去的人与人之间的关系，而读书能为孩子建立融洽的人际关系提供帮助。

有智者曾说：读书就像竹篮打水，看似什么都没有捞着，但是经常打水的竹篮会更干净。案例中的小朋友懂得体会他人感受，在与其他小朋友相处时，以同理心待人，在自己心中不快的情况下，不仅没有与对方发生争执、反目，反而能发现对方的优点，这是很多成人都很难做到的。而这正是这个孩子在听故事、看书过程中体会到的道理。这样的孩子不仅不会"讨人嫌"，反而会"人见人爱"。

有人说，只有阅读没有实践都是空的，孩子不会真正成长的。这里有一个实验，验证了阅读能达到和实践类似的效果。

余光博士和科尔博士做过一个简单实验，让两组人练习强烈伸缩手指头。其中一组是实际做运动，而另一组是想象着在做运动。每天15次，每次间隔20秒。共练习4周，每周从周一到周五。大脑扫描发现，"在想象做这些动作时，负责把伸缩动作串在一起的神经元既被激活了，也被强化了"②。实际"执行动作和想象这个动作所活化的大脑部位有许多重叠"。③也就是说，实际执行动作和想象这个动作所动用的大脑部位很多是相同的。

阅读会使读者具有代入感，随着作者的思路进行思考或想象，身临其境或感同身受。丰富的阅读内容会促使大脑参与丰富的活动，带动大脑神经全方位活跃、被激活或建立联结。这也是小小效仿故事情节，能恰当地处理同学关系以及提高自身学习能力的原因。

三、有助于自我教育，自我成长

家长为学龄前孩子选择的书籍，绝大部分都具有积极的价值观，教给孩子

① [日]岸见一郎、古贺史健著：《被讨厌的勇气》，渠海霞译，机械工业出版社2015年版，第36页。

② [美]道伊奇(N. Doidge)著：《重塑大脑，重塑人生》，洪兰译，机械工业出版社2015年版，第288页。

③ [美]道伊奇(N. Doidge)著：《重塑大脑，重塑人生》，洪兰译，机械工业出版社2015年版，第288页。

正确的行为规范或做事理念，因此很多小朋友都会从书籍（文字）中学会自我教育。

记得儿子上幼儿园期间，刚刚学会吹泡泡糖，他特别喜欢泡泡糖。奶奶、姨妈等亲人们知道后，就一盒一盒地给他买，他就不停地吹。我觉得泡泡糖毕竟含有大量的糖，多吃对身体不利，就跟他说多吃泡泡糖不好，但是孩子总是控制不住地常和我讨价还价。有一天我在一张报纸上看到一则小消息，内容是关于泡泡糖的危害，我就将这张报纸放在他经常趴着看书的沙发上。晚上我正在做饭，他突然大声叫起来说："妈妈，妈妈，你看你看。"说着举着报纸跑过来让我看，说："报纸上有多吃泡泡糖的危害。"我假装惊讶地说："是吗？我看看。"看完之后就说："看来多吃泡泡糖确实对身体不好。你这么爱吃泡泡糖，那该怎么办？"儿子说："我以后一块都不吃了。"我说："以后偶尔吃一块两块，应该是没问题的吧。"儿子从此以后就不再嚼泡泡糖了。

可见，阅读能够促进孩子进行自我教育，自我成长。

四、有助于拓宽视野，增强独立性

给学龄前孩子读书，不仅仅是只给他们念诗词、唱儿歌、讲故事，他们也可以阅读很多幼儿版、少儿版的书籍，获取非常丰富的内容。通过亲子阅读，孩子就能了解人类上下五千年的历史（包括世界历史），熟悉沧海变桑田的地理，探索浩瀚无垠的星空，熟悉四季更迭的规律、节气顺序、节气特点（如三九歌）等，了解世界各国丰富的人文知识等。经过0—3岁的亲子阅读，孩子一般都会在3—6岁养成追着家长读书的习惯。有些孩子甚至在3岁前就已经在玩耍中记住了大量的知识要点。（参看视频号"星冉宝宝和哥哥的日常"）

养成独立阅读习惯的孩子，在学龄前及上学期间，都会利用大把的闲暇时间，阅读大量自己喜欢的书籍，数量之多，范围之广是很多成人都无法企及的。涉猎的内容无所不包，如古今中外名著、科幻、科普、天文、地理、历史、军事、哲学等。正如周濂所说，阅读让我们了解"最隐秘的、也最抽象的爱情、原子与上帝，了解飞鸟走兽，星辰日月，先贤古圣"[1]。"秀才不出门，全知天下事"就是这个道理。对于孩子也一样，关键是要让孩子在学龄前养成喜欢阅读的习惯。

每个人的生命旅程是有限的，活动范围和视野也非常有限，但是阅读可以

---

① 周濂：《打开（上）》，上海三联书店2019年版，第55页。

帮助读者突破这种限制。对于"懵懂无知"的孩子们来讲，阅读可以丰富他们对世界、人生等的理解，帮助他们了解繁纷复杂的世界和社会，借鉴他人处理各种问题的经验，帮助他选择兴趣爱好、发展方向、人生之路等，帮助他们在成长过程中，不断提高他们的独立性和自主性，少走人生弯路。

五、为孩子全面发展奠定基础

喜欢阅读的孩子是不是以后只能选择文科类专业？并非如此。实践证明，这类孩子在成长中发展潜能更大，选择面更广。对此，《好妈妈胜过好老师》作者结合身边案例，引经据典进行过详细论证。

现实中的案例也有很多。世界著名数学家哈佛大学终身教授丘成桐，能够引经据典，出口成章，书法、诗词兼通，学贯中西，不仅出版有数学专著，而且还出版有自创诗集。丘成桐认为：他自幼"养成了对中国历史、文学，特别是诗词的兴趣"，让他一生爱好诗词。幼年时，父亲教他背诵、阅读的功底，不仅让他在曾经的升学考试中发挥了至关重要的作用，而且对他日后的工作、生活都有重要影响。特别是他 10 岁阅读的《红楼梦》，更是让他一生受惠，甚至影响了他对数学的看法。

杨振宁在三四岁前母亲就常给他讲故事，5 岁教他认字。他父亲从美国获得数学博士学位回国之后，虽然发现他有数学天赋，但是并不急于培养他的数学才能，而是让他多阅读经典，打好人文知识的基础。

早期形成的阅读习惯，不仅让他们一生受益，最终成就他们成为融通文理、学贯中西的大学者。

具有"钢铁侠"之称的埃隆·马斯克也是痴迷读书的受益者。他小时候是典型的"书呆子"，王晶和陈润在《埃隆·马斯克传》中写道：他在弟弟妹妹和周围的小伙伴儿都在玩各种玩具的时候，他就已经开始阅读科幻和科普图书。他具有极强的学习力、创新力和想象力。10 岁左右第一次得到一台电脑和编程书籍，他用 3 天 3 夜的时间学完了其他人半年的课程，12 岁设计出游戏软件，并卖了 500 美元。马斯克在功成名就后不止一次说过："我是在读书中长大的，然后才是父母的养育。"他惊人的阅读量，让他在很多领域都具有极高的专业水准，例如编程和火箭专业等，这都离不开从小养成的爱阅读的习惯。

可见，从小受文字和阅读氛围熏陶、酷爱读书是很多功成名就人士的共同特点。虽然促使他们成功的因素有很多，但是阅读带来的超强学习和理解能力，让他们能够更快吸纳最新知识，具有更广阔和高远的视野，为他们成就事业奠定了坚实的基础。

最后用《让孩子受益一生的大脑开发课》中的一段作为总结。"阅读对孩子的成长来说至关重要。阅读不仅能让他学习到新知识，增加知识积累，还能增加情感体验，而阅读背后的理解能力的培养，也关系到孩子各个学科的成绩。"①以下为小小在小学一年级过母亲节时，送给妈妈的节日礼物，完整的作品有图画，这里只附上文字部分。

小猴子下山找礼物

这一天是母亲节，小猴子下山来给妈妈找礼物。

他碰到小兔子，小兔子的胡萝卜丢了，她正在寻找呢。小猴子帮小兔子一起找，不一会儿，小猴子就拿着胡萝卜向小兔子跑来。小兔子跟小猴子道了谢，又给了小猴子一根红红的胡萝卜。

小猴子拿着胡萝卜继续往前走。他遇到小松鼠，小松鼠够不到松果。小猴子帮小松鼠一起够，不一会儿，小猴子就捧着几颗松果向小松鼠跑来。小松鼠跟小猴子道了谢，又给了小猴子一颗大大的松果。小猴子拿着胡萝卜和松果继续往前走。他又遇到了小蜜蜂。小蜜蜂正忙着采蜜，不小心把装蜂蜜的瓶子弄掉了。小猴子连忙帮小蜜蜂捡起来。小蜜蜂跟小猴子道了谢，又给了小猴子一瓶黏黏的蜂蜜。

小猴子捧着一根红红的胡萝卜、一颗大大的松果和一瓶黏黏的蜂蜜。小猴子满载而归。小猴子给了妈妈三样礼物，妈妈开心极了，给小猴子点了一个大大的赞！

第二节　学龄前机会更无价

【案例】：

家长向我咨询如何让他儿子学习更主动、自觉，写来长长的微信。

我儿子开学就该上 5 年级了。自从上学之后，我们全家都没有轻松过。每天就写作业这一项，我们就得一直操心盯着，他好像没事人一样，

---

① 杨滢著：《让孩子受益一生的大脑开发课》，海南出版社 2021 年版，第 120 页。

爷爷奶奶根本管不了。如果哪天赶巧我们两口子都不在家，到睡觉前，他作业肯定没写完。我们催着才急急忙忙地赶着写，根本不管作业的质量。每天晚饭后休息 20 分钟后，让他开始写作业，我们就得一直催着、盯着，他才会磨磨蹭蹭地坐到书桌前，每天这个困难啊！如果我们没有盯紧，他半个小时也坐不到书桌前。终于坐到书桌前了，他又开始抠抠这儿，摸摸那儿，就那几个文具，不知道有什么好玩的，就是不写作业，看着就让人上火。

终于开始写作业了，先挑简单的写，稍微有点难度的就空在那不管了。即使这样，一检查，还是会错一大片。如果说较难的题不会做，还情有可原。可是简单的题，也要出错。如果让他改正，就开始和你讨价还价，嘟嘟囔囔、磨磨蹭蹭地不想改。同样类型的题，昨天讲过了，今天稍微变化一下，就又不会了。老师布置的课外阅读作业，他基本没有完成过。我家书架上的书不少，但都是新新的，有的连包装塑料膜都没去掉。即使偶尔被逼着拿起书看，也是走马观花，翻几下就完事，稍微不留神就开始抱着平板专心看起来。一旦说不学习，自己玩去，就跟打鸡血一样，情绪亢奋，开心地打游戏，或专心地看视频。我们不叫的话，坐那儿几个小时都一动不动，不吃不喝。

我们觉得这孩子不是学习的料，就想着给他培养个什么爱好，结果干啥也没个长性。乒乓球、跆拳道、游泳都试过，都是逼着学的，只有打游戏和刷短视频没完没了。怎样才能让他学习自觉起来呢？

我问这位家长：如果孩子 2 岁前，每天和孩子聊天、玩耍之余，看着书给孩子念念诗词、唱唱儿歌、讲讲故事，一天总共不超过半小时（每次几分钟，一天累计半小时），2 岁以后延长到 1 小时，一直到上学，就能保障孩子上学以后自觉、主动地学习，你有没有时间做呢？

这位家长马上说：这么简单，当然有时间做了。每天就半小时，最多 1 小时，怎么都能抽出时间。但是我们当时不知道可以这么做啊。

再回到这个案例，我们不能只抱怨孩子，我们先了解一下让一名小学生改掉一个旧习惯，养成一个新习惯有多难。

其次家长也要知道，孩子的现状与家长在孩子学龄前的养育方式有关，家长错过了轻松培养孩子好习惯的宝贵时机，特别是 3 岁前这段黄金年龄。所以现在就要花更大的精力和更多的时间去弥补，但是也未必能弥补得很好。

于是我再次给出建议，让家长耐心协助小学生养成好习惯（主要用鼓励的方式，这个方法本书不展开）。

这个案例再次提醒家长要重视学龄前的宝贵窗口期，珍惜学龄前特别是 3 岁前，在必须陪伴孩子的时间里，引导孩子轻松养成好习惯的宝贵时机。

一、入学后养成新习惯有多难

和学龄前孩子不同，入学后让孩子养成一个好习惯是非常困难的。就像案例中这位孩子，已经上学 4 年，也没有养成自觉主动学习的好习惯。这里有孩子的原因，也有家长引导方法的问题，更重要的是，家长要意识到，孩子在这个年龄段改掉爱玩平板和游戏的习惯，有一定难度。这就需要家长具有耐心和打持久战的思想准备，在良好的亲子氛围中引导孩子坚持下去。如果没有良好的亲子关系和氛围，孩子就更难养成好习惯。因为一个好习惯的养成，是相应功能的大脑联结产生、巩固，并最终稳定下来的结果。而大脑神经最容易产生的年龄段是在 0—3 岁，其次是 3—6 岁，当然小学期间与成年相比，大脑产生联结相对容易一些，但是远远不如学龄前那么容易。

小学生建立新的大脑神经联结并巩固下来需要多长时间？我们先看一个实验①。

哈佛大学医学院的帕斯科·里昂是第一个找出大脑地图的人（即大脑中建立的、密集的大脑神经联结图）。他通过实验揭示了一个人学习新技能或养成新习惯，大脑神经联结产生、变化，最后稳定下来的过程。这是学习一个新技能或养成一个新习惯的时间周期。

他的实验对象是学习盲文的盲人。盲文是盲人用食指触摸一堆隆起的小点，学习盲文就是通过食指读点字的过程，这些受试者 1 周学习 5 天，每天学习 3 小时，其中课堂学习 2 小时，回家练习 1 小时，周末休息 2 天。他们每个星期五完成学习和练习之后以及星期一上课之前都去实验室测量大脑地图。

帕斯科发现周末仅仅休息两天，周五的食指地图和周一的竟然不一样。

"从实验一开始，周五地图就非常快速、戏剧化地扩张（即建立新的大脑神经联结），但是周一又回到原来基准的大小（即新建的神经联结消失了）。（这个学习活动坚持了 6 个月）周五地图持续发展了 6 个月，而每次在周一又

---

① ［美］诺曼·道伊奇（N. Doidge）著：《重塑大脑，重塑人生》，洪兰译，机械工业出版社 2015 年版，第 22-23 页。

都固执地回到基线。"①6个月之后，周一地图"才开始慢慢地变大，一直到10个月后进入高原期，即不再往上爬，但维持原有的高度。周一脑地图越稳定，受试者读盲文的速度也越快，两者高度相关。虽然星期一地图的改变从来不像星期五那样快，那样具有戏剧性，但是他们很稳定。学习了10个月之后，这些学生休息了2个月，当他们再回来上课时，帕斯科重新测量他们的大脑地图，结果发现这个地图跟2个月前的星期一地图一样，没什么改变。可见，每天的练习会导致短期(大脑地图)戏剧性的改变。但是永久性的改变是在星期一地图上看到的"。②

这个实验说明建立新的大脑神经联结会因为短暂的中断，而前功尽弃。每天练习3个小时，一周坚持5天，仅仅因为周末休息了2天，所建立起来的大脑联结就会全部消失(周一大脑地图)。只有依靠长时间的坚持练习，才能让大脑神经联结建立并巩固下来，经过6—10个月坚持不懈的练习，最终才建立起稳定的大脑联结。

我们再看一下案例中孩子的情况。养成习惯首先需要每天长时间地坚持(例如坚持练习几个小时)，要让孩子养成自觉主动学习的习惯，家长就要用恰当的方法，引导孩子每天自觉、主动地独立完成作业。要让孩子知道，完成作业是他自己的责任，不是家长的。也就是说家长要把担负在自己肩膀上的学习负担，还给孩子，而且要每天坚持一段时间，甚至是1年多时间，因为一般每学期只有四个半月，寒暑假时间都很长，所以要让孩子新习惯的大脑地图真正稳定下来，就需要一两年时间甚至更长，而不是一两周或一两个月就能养成的。

其次，这位家长从来没有放手，或从来没有尝试让孩子独立、自觉学习，孩子始终没有开始练习过自己自觉、主动去完成作业。换句话讲，家长始终替孩子担负着完成学习任务的担子，从来没有将这副担子卸到孩子肩膀上。这个孩子自觉主动去学习的大脑神经地图自始至终就没有开始联结或建立过。所以这个孩子一直到5年级仍然要家长盯着、督促着，自己从来对学习不上心。

看完这个案例，能感受到这位家长的辛苦、焦虑和不易。既然引导孩子养

① ［美］诺曼·道伊奇(N. Doidge)著：《重塑大脑，重塑人生》，洪兰译，机械工业出版社2015年版，第222页。

② ［美］诺曼·道伊奇(N. Doidge)著：《重塑大脑，重塑人生》，洪兰译，机械工业出版社2015年版，第222页。

成自觉学习的技巧是一道难题。那何不在学龄前，就轻松让孩子养成自觉学习的习惯呢？

二、学龄前轻松爱上学习有方法

如何在学龄前让孩子轻松养成爱学习的好习惯呢？
学龄前讲故事需要每天坚持。

【案例】:

> 有家长反映说，自己孩子已经上小学，学龄前也给他讲过故事，但是上学后并不爱学习，认为讲故事并不一定能让孩子养成爱学习的习惯。经过详细询问后发现，他们经常因各种理由中断讲故事，并不是天天给孩子坚持讲故事。从这个孩子的后续发展看，家长这种断断续续讲故事的做法，对孩子的成长也起到一定作用，学习有一定自觉度，成绩在重点学校处于中上。只是没有达到家长的预期，成为"别人家的孩子"。

调查中发现，很多家长确实在孩子出生之后，曾经认真讲过故事，念过诗词、唱过儿歌等，特别是周岁之前。周岁之后，能外出活动之后(根据季节调节)，孩子的活动范围和机会就逐渐扩大，兴趣点增多，讲故事的时间和机会就相对减少，甚至一连几天都没有时间讲故事。

特别是有些家长认为学龄前讲故事是一件轻松的事情，没必要像完成定额任务那样，每天死板地必须讲，把家长和孩子都搞得很紧张、很疲惫。出去活动了，大家累了就不讲了，让孩子轻轻松松地成长。

对于学龄前特别是0—3岁的婴幼儿来讲，新信息促使大脑产生新的神经联结的能力极强，即爆发式增长，大脑每秒钟都会新增大量的神经联结，都可以作为联结通道。因为大脑遵循着"先到先得"原则，因此0—3岁孩子接触什么多，大脑神经联结就容易稳定和巩固下来，传输这方面内容的速度就会提高，外在表现就是孩子很容易喜欢并习惯这个活动，例如跳广场舞、投篮球等都是这样，阅读也一样。阅读与跳舞、投篮有所不同的是，阅读不能自主地、自动学习和练习，需要家长有意识地引导，协助练习，例如家长给孩子讲，孩子才能跟着家长一起看书。

如果家长没有拿着书专门给孩子讲故事，那么孩子在读书习惯养成之前，不会自己主动去看书。家长经常给孩子中断阅读，就像周五大脑地图一样，在神经联结还没有巩固的情况下，有关看书、阅读的大脑神经联结就可能消失。大脑虽然遵循着"先到先得"的原则，如果孩子同时接收到的其他信息量很大，例如经常看到家长和周围人看手机和平板等，这类大脑神经联结就很容易被稳定和巩固下来。外在表现就是孩子对手机和平板更痴迷。这也是大脑"用进废退"原则的体现。

另一方面阅读不属于祖先大脑中已有的功能，属于现代人类才发展出来的功能，因此并"不是每一个人都用同样的大脑区域来阅读，虽然大脑中具有经典的神经回路来处理阅读信息"。① 但是，大脑中的阅读回路，还是很容易被其他活动所借用、占用甚至长期霸占。如果长期没有信息通过，还有可能消失。因此，间断讲故事建立起来的阅读回路，很难被巩固下来。正如俗语所说：一项技能"一天不练，手脚慢；两天不练，丢一半；三天不练，门外汉"，这种说法在脑神经研究中是有依据的。给孩子讲故事，培养孩子阅读习惯，让孩子的阅读脑神经巩固和稳定下来的道理也是一样。

用一句话总结让孩子爱上阅读的方法：从出生开始，家长坚持每天拿着书用心给孩子讲故事。不论孩子以后喜欢什么特长，阅读都可以成为陪伴孩子成长的重要技能。

第三节　在亲密接触中让娃爱上阅读

有些人的爱好是源自骨子里的热爱和喜欢，例如谷爱凌对滑雪的热爱，以及有些小萌娃对广场舞的热爱、对投篮的热爱，包括现在更多的孩子是对手机或游戏的痴迷，因为他们出生之后随时都能看到玩手机和打游戏的人。可见，从小接触什么多，孩子就会爱上什么。

我们家长都认为让孩子爱上读书很重要，却很少有人知道，如果让孩子从小像看到手机那样经常看到周围人读书，或者哄孩子时给孩子经常读书，孩子就会爱上读书，而不是爱上手机。

而且让孩子爱上读书，不会增加家长照顾孩子的时间，孩子在0—3岁是必须有成人陪伴的阶段，在家与家长在一起玩耍的过程中，家长只要注意时常

---

① ［美］诺曼·道伊奇（N. Doidge）著：《重塑大脑，重塑人生》，洪兰译，机械工业出版社2015年版，第325页。

拿着书给孩子讲故事，孩子就能爱上读书。错过这个阶段，虽然能弥补，甚至不影响孩子考大学，但是孩子不会痴迷。现在很多本科甚至研究生毕业的人工作之后都很少读书。

【案例】：

有家长给我发来视频，并留言说：她同学的孩子才 10 个月大，现在已经能完整地听妈妈讲一本绘本故事了，我女儿已经 1 岁 2 个月了，却非常抗拒听故事。我搂着她，一给她读绘本，她就会用手去合上书，然后在我怀里扭来扭去，挣扎着跑掉。最多也就能听一句半句，我连讲第二句的机会都没有。我坚持给她讲了一段时间，也没有任何改善，还是这样，我就很泄气。姥姥说孩子大一些就好了，我想也许是这样吧，真想随她去。您说孩子大一些是不是就能好一些？

一、宝宝不喜欢听故事有原因

经过与家长聊天了解到，这位小宝贝在周岁前，他们基本没有拿着书给宝宝讲过故事，也没有念过诗歌、唱过儿歌等，他们认为给孩子讲故事还太早，孩子听不懂，等孩子长大以后再讲不迟。这是导致宝贝抵触听故事的直接原因。很多经常给宝宝讲故事的家长都有这样的经验，小宝贝 1 岁半左右就开始对故事书有选择了，他们更喜欢自己熟悉的故事。所以，不习惯听故事的宝宝，自然就会抗拒听故事。

(一)阅读不能无师自通

读书与走路、说话等技能不同，它并不是每个人生活中的必须。走路、说话等属于人人必备的技能，婴儿每天都能接触到周围人说话、走路的信息，塑造着相应的大脑联结，每天都在这些信息的刺激下，稳定和巩固着这些大脑神经联结，婴儿时刻为说话和走路做着准备，一旦机体发育成熟，他们就会无师自通地主动练习说话和走路。

读书则不同。有些孩子的成长环境中根本接触不到读书人或书籍。即使能接触到书籍或看到他人读书，要让孩子喜欢上阅读，还需要他人协助。孩子可以模仿他人阅读的样子，很难体会到书籍的魅力和精华，文字或书籍与孩子存在着天然屏障或隔离。"一个人类学实验表明，孩子阅读能力的强弱与家里的藏书量无关，而与父母的阅读兴趣有关。"①这个实验进一步证明，家庭具有读书氛围，让孩子经常看到家人读书，以及家长经常与孩子共读，是让孩子喜欢上读书的奥秘。

(二)讲故事从胎儿开始

给胎儿讲故事，胎儿能听见吗？

研究发现，胎儿发育到大约5个月时就有听力。胎儿可以听到妈妈的说话声、心跳声、呼吸声甚至外界传入的声音。有些人认为胎儿在羊水里，羊水会阻隔声音，胎儿听不到或听不清外界的声音，实验证明这个观点没有依据。

下面的实验证明②，胎儿能听见妈妈的声音，因为胎儿与妈妈的身体是一体的。德卡斯伯和斯潘斯(DeCasper and Spence)选择6周后即将生产的准妈妈作为研究对象，要求他们每天大声朗读2次指定的故事(对婴儿来讲，出生后，这些指定故事就是熟悉的故事)，等婴儿出生2天后进行检测。实验发现，不同的人朗读同样的故事，婴儿更喜欢听妈妈的朗读。妈妈朗诵指定故事和陌生故事，婴儿更喜欢指定故事。陌生人朗读指定故事和陌生故事，婴儿更喜欢熟悉的故事。

由此可见，胎儿在出生前不仅能听到声音，而且还能区分妈妈的声音和陌生人的声音，婴儿最喜欢妈妈的声音。不仅能辨别不同人的声音，而且还能记住听到过的故事，他们更喜欢熟悉的故事。但是这个实验不能证明，胎儿能否听见其他人的声音。

可见，怀孕后期进行胎教，特别是妈妈多给宝宝说话，宝宝能够听见并记住妈妈的声音和话语。

婴儿出生后，醒着的时候，首选是及时回应宝宝的声音，同步与宝宝对话。如果没有话说的时候，就可以读宝宝曾经在妈妈肚子里听过的内容，然后逐渐扩展。

(三)阅读习惯从0岁开始

看到这个标题，家长会想这是不是太"卷"了，连刚出生的小宝宝都不放过。

案例中这个小宝宝排斥书籍的表现，已经从反面为我们证明了这个标题的现实意义。下面用一项实验帮助我们解释这个宝贝的行为。

---

① 杨滢著：《让孩子受益一生的大脑开发课》，海南出版社2021年版，第120页。
② 边玉芳等编著：《儿童心理学》，浙江教育出版社2009年版，第82页。

之前我们说过，6—9个月之前的宝宝们都是世界公民，听什么语言都没有选择，但是在6—9个月之后，他们就会更偏好或喜欢母语①。

大家很少注意到口头语言与书面语言的区别。有些人认为书面语言就是印在纸上的文字，懂得本国语言的人，只要认识字，就能读懂变成文字的话语。但是实际上书面语言和口头语言是两类语言，熟悉口头语言的人未必能读懂书籍上的书面语言(同一种语言)。

书面语言并不是文字版的口头语言，同样口头语言的文字版也不是书面语言。这一点大家很容易验证。例如，大家可以把朋友发来的微信语音(最好选稍微长一点的)转换成文字，直接读这段文字，读之前不要听语音。大家会发现，自己竟然不知道对方说什么，很多都是词不达意的重复、啰嗦或颠三倒四。包括平时说话非常简洁的人，把他的微信语音转换成文字，也是一样。然后再去听这段语音，发现对方表达的意思很明了，也不觉得对方啰嗦、重复，听起来一切都很正常，理解起来也没有任何障碍。这就是口头语言和书面语言的差异。

如果再试着把这段语音文字编辑成文字(书面语言)发送出去，大家就能再次体会到口头语言和书面语言的差异。书面语言更规范、严谨、抽象，用词更丰富、凝练。因此，著名的维果茨基指出："对儿童来说，书面语言要比口头语言难度更大，正如代数要比算数难度更大一样。"②

因此，熟悉口头语言的孩子，听到书面语言时，就会感到很陌生，就像听到一种新语言(或古文)一样，对于书面语言的丰富词汇、句子的韵律完全不熟悉、不习惯，他就会不喜欢。就像成人不喜欢陌生歌曲，只喜欢自己熟悉的歌曲一样。所以，这个1岁2个月的宝贝就不喜欢听用书面语言讲出来的故事。

所以，我们要珍惜婴幼儿还是世界公民的机会，从出生之后，就时常给小婴儿念几句诗词，唱几句儿歌，讲一两句故事，让他们熟悉书面语言，特别是妈妈在照顾宝宝的过程中，就算真的无话可说，也可以拿着书讲几句故事，让孩子在亲密、轻松的氛围中建立起对书面语言的敏感或喜欢。让他们不仅熟悉

---

① [美]玛丽·简·马圭尔-方(Mary Jane Maguire-Fong)著：《万千教育学前·与0—3岁婴幼儿一起学习：支持主动的意义建构者》，罗丽译，中国轻工业出版社2020年版，第186-187页。

② [俄]维果茨基著：《思维与语言》，李维译，浙江教育出版社1997年版，第109页。

口头语言的音节、韵律、词汇及句子风格，也要熟悉书面语言的风格和用词特点。这个期间不是为了让宝宝们听懂什么，或者记住什么，只是为了让他们熟悉书面语言的音节、韵律等声音组合以及句子风格。如果错过了这个时期，宝宝就会比较抵抗书面语言，就像这个1岁2个月的宝贝这样。幸亏这位宝妈及时发现问题，积极补课，让这位宝宝喜欢上故事书。

二、宝宝不喜欢听故事，引导有技巧

这个宝贝不喜欢听故事，主要是不习惯听书面语言，这就启发家长可以先用口头语言和念故事原文交替讲故事的方式，过渡一段时间，让孩子逐渐习惯听书面语言。具体操作方法如下：

（一）口语过渡，让孩子习惯听故事

不论是1岁多还是两三岁的宝宝，如果他们不喜欢听故事，主要是因为他们不习惯听书面语言，就需要家长用口语讲故事，吸引孩子，同时再把书中的原文穿插读一次，让宝宝慢慢习惯听书面语言。

另外，大家知道0—3岁的宝宝接收信息的能力超强，他们可以一心多用，所以家长也可以在宝宝们玩耍的时候，在旁边拿着故事书，"给自己"读故事。一是家长给孩子树立爱看书的形象（最好是家长真爱看书，经常在家看自己需要看的书籍）。二是家长要表现出这个故事很有趣，很吸引人，让你越读越有兴趣、越高兴，不时地加一句评论，如"这个小猪太好玩了""这个小熊太傻了""这个小猫可爱了"等。如果这时宝宝过来想蹭着听故事，你还要假装让宝宝"不要打扰妈妈把这个故事读完，这个故事太好玩了"等。多给孩子灌耳音，让宝宝多听词汇丰富的书面语言。当孩子听多了，自然就会习惯和喜欢上听故事。

这个方法也可以用来吸引孩子学习诗词、儿歌等。

（二）引导参与，让讲故事成为玩游戏

孩子不习惯听故事，喜欢乱动，静不下来很正常。家长也不能用强制的方法让宝宝静下来，听故事。这时可以运用另一个技巧——引导宝宝多参与。例如在讲"过生日"绘本的时候，家长可以唱一遍生日歌，边唱和宝宝一起边拍手。小一点的宝宝，不会自己拍手，家长可以握着宝宝的双手，一起拍手。还有，讲故事时，可以将宝宝的肢体假想为故事中的物品。例如，讲到鸭妈妈有三个蛋，家长可以捏捏宝宝的脚指头或手指头，代表鸭妈妈的三个蛋，边捏边数数等。总之，对于爱动、不习惯听故事的小宝宝，尽量想办法让宝宝多参与、多活动。

案例中的家长掌握了这些技巧之后，经过 3 个月的努力，她又发来视频高兴地告诉我，宝宝现在已经好多了，能安静地听一个完整的故事了，也开始选择性地挑选故事书让家长讲了。

(三)从被动听到主动讲，让孩子爱上读书

给学龄前孩子读书的重要性已经成为世界各国教育界的共识，各国都非常重视研究学龄前孩子的读书方法。

有学者从已发表的 300 篇研究报告①中总结出了 5 个有效的方法或建议，分别是：一是阅读书籍。成人给孩子多读书，这一点要从宝宝出生开始。让孩子掌握更丰富的词汇，熟悉文字以及在书籍上的编排。二是语言进步。帮助孩子认识更多的人、事、物，认识更多物品，掌握更多词汇。三是把书面语言转变为口语，即复述故事。或者在讲故事过程中与孩子多互动。有家长说：他给孩子讲故事时，总被打断，孩子时不时指着书中图片自己描述或者提问，他就制止孩子。其实孩子能提问说明孩子在认真听讲和思考，是特别值得肯定或鼓励的做法。这也是复述故事情节的过程。四是父母教育，即培训父母掌握引导孩子阅读的方法。五是学前项目，让孩子参加能够接触到更丰富语言以及其他活动的项目。

在这几项建议中，前三项是建议家长引导孩子读书的具体方法，后两项是培训父母或者父母实在掌握不了方法，建议直接培训孩子。由此可见，世界各国对学龄前孩子阅读的重视程度。

在给孩子讲故事的过程中，培养孩子的主动性很重要。如果孩子没有参与互动，家长可以主动提问，与孩子讨论故事情节，引导孩子复述故事，学习组织语言，这个过程也被称为"充分交流"(talk more)②。为了让孩子更好地复述故事，家长在提出问题时，可以尽量用为什么、怎么办等问句，设置开放式的问题，引导孩子从被动听到主动说，主动参与讲故事活动，学习组织语言。

① [美]凯斯琳·史塔生·柏格尔(Kathleen Stassen Berger)著：《0—12 岁儿童心理学(第六版)》，陈会昌译，中国轻工业出版社 2016 年版，第 304 页。
② [美]达娜·萨斯金德(Dana Suskind)、贝丝·萨斯金德(Beth Suskind)、莱斯利·勒万特-萨斯金德(Leslie Lewinter Suskind)著：《父母的语言：3000 万词汇塑造更强大的学习型大脑》，任亿译，机械工业出版社 2017 年版，第 136 页。

（四）根据孩子兴趣，进行亲子共读

【案例】：

　　我晚饭后要洗碗做家务，就让孩子自己玩一会儿积木，可是我忙完了，叫他过来，抓紧时间赶紧给他讲几个故事，然后早点洗漱休息，可是孩子有时候就磨磨蹭蹭地说要把积木搭完，还让我和他一起搭积木。这时候该怎么办？

　　家长时间宝贵，给孩子讲故事确实重要，但是根据孩子的情绪以及兴趣进行相应的活动，才能让孩子收获更多，家长不能将自己的意志强加给孩子。例如当孩子想与妈妈亲昵的时候，家长可以根据孩子的兴趣，用书籍作为游戏的媒介，给孩子讲他喜欢的故事，一起分享阅读的快乐。吸引孩子读书的永远是好听的故事，妈妈的关爱，千万不能强迫孩子听家长讲故事。

　　如果孩子没有耐心听家长讲故事，总是急着翻下一页。家长就随着孩子的兴趣，讲他感兴趣的内容。如果孩子快快地翻几页书，然后自己跑到一边去玩儿了，这时孩子的表现似乎在说：现在读书不好玩，他想玩别的。这时候家长千万不能发火生气，或者非要把孩子抓回来听故事，家长要平静地给孩子说：这个故事真好看呀，我把这个故事先看完，再陪你玩儿。然后自己声情并茂地把这个故事念完。念完故事之后，再和孩子一起玩耍。这样做的次数多了，孩子就会逐渐跑到家长身边，和家长一起看故事书。这也是家长吸引孩子爱上听故事的方法。在实践中，很多家长都通过这个方法成功吸引孩子爱上阅读或背诵诗词等。

　　有些孩子很喜欢听故事，但是就喜欢几本故事书，让家长一遍遍地反复讲这几本书，家长就总想给孩子讲新故事。对于这种情况，还是要尊重孩子的选择，尽量满足孩子的需要，即使每次重复多次也没关系，这是孩子熟悉故事情节和语言的过程。听得多了，孩子就能记住故事中的情节和语言，每次讲的时候，还可以与孩子进行互动，问一些问题，让孩子回答，锻炼孩子的语言表达和组织能力。其实，家长只要把新书和旧书放在一起，过一段孩子就会翻看新书，逐渐要求讲新书。

　　如果在0—6岁阶段，家长坚持每天与孩子一起看着书讲故事，这种文字和书籍的信息反复刺激孩子，就会让孩子形成对文字和书籍的敏感。研究也证明，"和孩子一起阅读还能够启蒙持续终身的阅读习惯"。因此，"美国儿童学会认为，应该在孩子 6 个月大时开始每日阅读"①。

如果家长能够从出生坚持每天给孩子读书，孩子在 1 岁多就会形成对书籍的敏感，喜欢上书籍。一位宝妈分享经验时说："我家宝宝现在 1 岁 8 个月，书已经成了她最好的玩具。"

由此可见，尽早坚持每天与孩子一起进行亲子共读，就可以让孩子轻松养成爱读书的习惯，这个习惯将有助于孩子后续健康成长，甚至有助于孩子养成终身喜欢阅读的习惯。

三、3 岁前多听故事提高学习能力

统计数据表明，书香门第及高收入阶层的代际传承，其奥秘就在于这些家庭都非常重视给学龄前孩子多读书，并将成人对孩子的殷切希望，通过给他们尽早读书体现出来②。这里的"尽早"是从出生开始的，0—3 岁前爱听故事已经成为开发孩子潜能的重要途径之一。

很多家长在学龄前只注重让孩子尽情玩耍，没有注意让孩子接触书籍，这些孩子上学后就会出现学习问题。

其中一个最重要的原因在于他还会影响孩子的语言处理速度和学习能力。

（一）读写能力竟然源于婴幼儿时期

案例中的宝妈让 1 岁多的宝宝习惯听故事，是不是"攀比"或"内卷"的结果？

我们分析一下有些家长的做法。假如宝宝在 1 岁多不喜欢听故事，家长努力讲几次故事，孩子都很抵抗、很不配合，家长也许就会像案例中的宝妈那样，心灰意冷，不再想给孩子讲故事，并安慰自己说："孩子太小，等长大了自然就会爱听故事了。"但是事实证明，这种安慰只是一种幻想。

如果他们放弃给孩子讲故事，这种状态将会一直延续到 3 岁上幼儿园，甚至一直到学龄前。因为孩子不喜欢听故事，家长也不会认真给孩子讲。

如果这些孩子在学龄前没有喜欢上听故事，最后的结果将是他们不喜欢上学，上学时困难重重。因为他们不熟悉书面语言，听不懂书面语言中丰富的词汇，不习惯严格的、逻辑性的语言表达方式。因此，当他们听到这些词汇或语

---

① ［美］罗伯特·费尔德曼著：《发展心理学——人的毕生发展(第六版)》，苏彦捷、邹丹译，世界图书出版公司北京公司 2013 年版，第 199 页。
② 杨滢著：《让孩子受益一生的大脑开发课》，海南出版社 2021 年版，第 50 页。

句时就会反应慢，理解困难。

喜欢听故事的孩子，1 岁半时能听懂更多的常用口语(有些宝宝还能与家长对话、交流)，3 岁时口语中使用的词汇更多、更丰富。实验进一步证明："那些在 18 个月大时能够更快地识别熟悉的口语词汇的儿童，在 2 岁时词汇量更大，并在幼儿园和小学阶段的语言与认知标准化测试中得分更高。""儿童 3 岁时的词汇量是预测其读写学习的最佳指标之一。词汇发展和读写能力都起源于婴幼儿时期。"" ……这一研究发现，引起了人们的关注，因为它强调要赋予每个婴幼儿一个强有力的学习起点。"①

这个实验也说明，孩子的起跑线不是花钱报特长班、早教班，而是家长或照护者要和孩子多说话，多讲故事，多念诗词，多唱儿歌等，让孩子多听，多进行语言的输入。

(二)爱听故事的孩子学习能力更强

我们先看一个真实的实验②。早在 1965 年美国堪萨斯大学的贝蒂·哈特教授和托德·里斯利在美国黑人社区做了一个"项目"，他们给 4 周岁以上的孩子每天坚持讲故事，希望未来入学后提高他们的成绩，找到解决低收入群体的孩子学习成绩低下的对策，但是项目以失败告终。

后续研究最终发现：即使在 4 岁之后输入足够多的词汇，也不能提高他们的语言处理速度和学习能力。换句话讲，3 岁前"不良的语言环境已经对他们大脑的语言处理速度产生了影响"③，也就是说，0—3 岁之前听到的口语少，也没有听过故事、儿歌、诗词的孩子，将影响他们的语言处理速度。语言处理速度"仅仅几百毫秒的优势就为你赢得了学习的机会，而那些没有这种优势的人所承受的损失是不可估量且永久的"④。

---

① ［美］玛丽·简·马圭尔-方(Mary Jane Maguire-Fong)著：《万千教育学前·与 0—3 岁婴幼儿一起学习：支持主动的意义建构者》，罗丽译，中国轻工业出版社 2020 年版，第 203 页。

② ［美］达娜·萨斯金德(Dana Suskind)、贝丝·萨斯金德(Beth Suskind)、莱斯利·勒万特-萨斯金德(Leslie Lewinter Suskind)著：《父母的语言：3000 万词汇塑造更强大的学习型大脑》，任忆译，机械工业出版社 2017 年版，第 24 页。

③ ［美］达娜·萨斯金德(Dana Suskind)、贝丝·萨斯金德(Beth Suskind)、莱斯利·勒万特-萨斯金德(Leslie Lewinter Suskind)著：《父母的语言：3000 万词汇塑造更强大的学习型大脑》，任忆译，机械工业出版社 2017 年版，第 42 页。

④ ［美］达娜·萨斯金德(Dana Suskind)、贝丝·萨斯金德(Beth Suskind)、莱斯利·勒万特-萨斯金德(Leslie Lewinter Suskind)著：《父母的语言：3000 万词汇塑造更强大的学习型大脑》，任忆译，机械工业出版社 2017 年版，第 43 页。

　　这里需要说明的一点是，这个实验只是证明了 3 岁前"没有听到足够多的语言，也没有听过故事"的孩子会具有的劣势。注意：这里有两个条件，一是没有听到足够多的语言，二是没有听过故事。两个条件同时发生，才会影响其语言处理速度以及上学时的学习能力和成绩。如果家中人多，或者家庭成员爱说话，孩子自然会听到足够多的语言，就不会影响孩子的语言处理速度。这些孩子就会表现出反应快，聪明。如果孩子没有听过故事，会不习惯听书面语言，会影响上学的兴趣和学习成绩。这就是为什么有些很聪明、反应快的孩子却不喜欢学习的原因。

　　当然，这个实验并不能证明会影响孩子的其他能力，如与人交往的社交能力、动手能力、运动能力、绘画能力、音乐能力等。这些能力的培养，也需要早期家庭养育环境的塑造，才能顺利培养起来。全社会需要各种类型的人才，相信每个孩子都能够各尽其才，各尽其用。

　　对于学龄前喜欢听故事、看书的孩子，他们上学之后的另一个优势是，由于他们能更快适应学校的学习生活，学习顺利，他们很容易赢得老师的鼓励、同学的羡慕或佩服。学校的友好环境，使得孩子更喜欢上学，更有动力努力学习，这就为孩子成长营造了良好的软环境。

　　皮亚杰认为"教育就是使个人适应周围的社会环境"。可见，让孩子上学后尽快适应学校的学习生活，需要家长从 0 岁开始，提前做准备的事情，而不是等孩子上学之后才开始陪着孩子适应，或者寄希望于学校的教学改革，让教师更适应孩子。

　　因此，古人云："父母之爱子，则为之计深远。"

第四节　轻松学习外语有技巧

　　语言在人们的生活和职业发展中，占有重要地位。就官方语言和方言来说，如果只会说方言，不会说官方语言，如普通话，就业往往会遇到困难，自尊心也会受挫。我国从幼儿园和小学就开始推广普通话，只要上过学的孩子，都会说普通话，虽然很多人带有浓重的方言，但是都不影响正常的交流和就业。在有些地方，如果会说官方语言和方言，就会增加就业机会，例如在广州、深圳、香港等地。但是如果掌握一门地道的外语，则会增加更多的就业和发展机会。

0—6 岁"无疑是学习语言的最佳时期"①"神经科学发现，双语儿童的两种语言位于同一脑区，但是管理是分开的。"②在激活一种语言时，会抑制另一种，这也是他们可以同时流利地说两种语言而不会混淆的原因。对于青春期之后才开始学习第二种语言的人，他们的两种语言位于不同的脑区，反应速度就会慢一些。研究也发现，只有极少数人才能让两种语言位于同一脑区，这些人往往是熟练掌握双语的那些非同寻常的人③。

家长发现，即使让孩子从两三岁开始参加早教班学习外语，虽然他们处于语言学习的最佳期，但是在学习过程中并不轻松，孩子还是不爱学，很难达到预期效果。家长就很疑惑，孩子处于语言最佳期的优势怎么没体现出来呢？

最主要原因有两个：一是教授的方法不适合两三岁的幼儿，二是幼儿听得不够多。孩子们每天都泡在母语环境中，只有上课或复习时才听外语，相比较而言，每天听外语的机会和时间就远远不够。

教授方法我们后面详细介绍，先看一下听得不够多的问题。有家长说：解决外语听得不够的问题，可以让孩子多听英语音频或多看视频或外语电视。但是有研究证据表明："电视不是好老师，因为儿童需要的是在最近发展区内（即接近孩子能理解的内容）的个别化的、反应敏捷的指导。研究结果表明，花很长时间看电视的儿童，其语言发展较慢。"④也即是说多看视频（同时也听到音频）是达不到预期效果的。

下面介绍一个在实践中的成功方法，能充分发挥学龄前孩子学习语言的优势，把说外语和母语的脑神经激活在同一脑区，让他们轻松学好外语，并且能像说母语一样熟练掌握外语。

这是汪培珽在《培养孩子的英文耳朵》一书中介绍的、她的两个孩子轻松学习英语的经验。

汪培珽从美国纽约圣约翰大学 MBA 毕业，是两个孩子的妈妈，后来全家

---

① ［美］凯斯琳·史塔生·柏格尔（Kathleen Stassen Berger）著：《0—12 岁儿童心理学（第六版）》，陈会昌译，中国轻工业出版社 2016 年版，第 306 页。
② ［美］凯斯琳·史塔生·柏格尔（Kathleen Stassen Berger）著：《0—12 岁儿童心理学（第六版）》，陈会昌译，中国轻工业出版社 2016 年版，第 306 页。
③ ［美］凯斯琳·史塔生·柏格尔（Kathleen Stassen Berger）著：《0—12 岁儿童心理学（第六版）》，陈会昌译，中国轻工业出版社 2016 年版，第 306 页。
④ ［美］凯斯琳·史塔生·柏格尔（Kathleen Stassen Berger）著：《0—12 岁儿童心理学（第六版）》，陈会昌译，中国轻工业出版社 2016 年版，第 307 页。

定居香港。她介绍的基本做法是：从小给孩子念英文绘本和故事书。这个方法确实有一些限制，例如家长要会读英文故事。但是，会读英文故事，并没有大家想象的那么难。

一、信心比英文水平更重要

(一)建立信心，大胆念出来

只要有一些外语基础的家长，例如高中毕业生，都可以大胆地用外语给孩子讲故事。有些家长担心，自己的英文差，一听发音就是中国英语，担心自己会影响孩子以后的发音。这也是很多家长提出的问题，即使有能力念英文的家长也会对自己的英文能力产生怀疑，担心自己念得不够标准。

作者就遇到一对美国硕士夫妇，他们两个人也认为自己的发音不标准而不敢给孩子念英文故事，作者苦口婆心地劝告之后，他们才勉强接受。所以，给孩子念英文故事，不是家长的英文水平和发音有问题，而是家长缺乏信心。家长不要担心自己念得不标准，因为后面会有补救的办法，只要家长坚持念就行了。

(二)提前备课，尽量讲标准

除非家长的英语水平极高，不需要提前准备。更多的家长每拿到一本新英文故事书，都会认真地上网去查字典，跟着仿真人练习单词发音，尽量把单词读准确。然后自己提前大声读熟。每一句的中文翻译，也提前准备好，而且要尽量翻译成地道的中文，翻译出最精彩的意思。这样，讲故事的时候就会比较流畅，不会磕磕巴巴地念。孩子听磕磕绊绊的故事，肯定没有兴趣，所以需要家长用心提前做准备。

当然在念的时候要注意英文中的"s"以及清辅音"t、k、m"等尾音，要注意拼读完整，"e、a、o"等元音和双元音都尽量发音饱满准确，以免给孩子留下坏习惯。

对于故事书中特别难读的主人公名字，例如 Rumpelstiltikin、Grizzword、Sylvester 等，作者的经验是根据字母拼读出一个名字发音，固定下来不要变，或者根据发音给出一个简化的英文(中文)名字，便于孩子理解，每次都这样读就可以了，因为名字就是一个代号而已。

总之，尽量发音准确、阅读流畅、翻译地道，是让孩子喜欢听外语故事的第一步。

二、念外语故事有方法

对不同年龄的孩子，可以用不同的念故事方法。

(一)给 0—1 岁的孩子只念英文

对 0—1 岁孩子，家长念英文故事或者中文故事绘本，可以不需要翻译，直接照着原文读，因为这个年龄段的孩子听什么都是新鲜的，谁也不知道他听懂没有。就像在家里爷爷奶奶、姥爷姥姥说家乡话，爸爸妈妈说普通话一样。宝宝看到这种绘本和文字，听到一种发音；看到另一种绘本和文字，就是另一种发音。家长尽管读，等有一天孩子会说话了，问家长问题，家长再回答。因为孩子是语言天才，神奇之处就在于家长读的语言都会留在他的脑海，他会默默地学习。作者在小儿子身上就用这种方法，效果很好。

(二)给会说话的孩子进行翻译

对于两三岁以后会说话的孩子，作者推荐的方法是一句英文一句中文地念。她给孩子念故事的时候，一般念 3 次带翻译的，之后就只念纯英文故事。如果 3 次以后孩子还不理解故事的含义，可以多读几次带翻译的，直到孩子全部明白为止。如果有些孩子喜欢家长每次一句英文一句中文这种模式，家长也不要紧张，按照孩子的要求念。读一个故事能让孩子听到两种语言也是不错的做法。多听母语对孩子只有好处，没有坏处。况且作者一直强调给孩子念中、英文故事书要均衡，要 1:1 地分配书本和时间，不能偏颇。

还有另外一种读英文故事的方法，这是一位年轻妈妈的经验。她从孩子 2 岁开始，给她听英文歌曲，3 岁读英文书，她的方法是先用中文讲一遍故事内容，然后就只念英文。在念英文的过程中，孩子遇到不懂的会问家长，家长会停下来回答。读了半年之后，她明显感到孩子有很大进步。她平均每天至少给孩子读中、英文故事书各 1 小时。节假日还会更长一些，这都是孩子要求家长讲的，而不是家长强迫的。目前孩子对中英文故事书基本没有区别，都很喜欢。

作者在书中也提到类似只读英文的方法，她在书中提到一位家长给 5 岁的孩子第一次读英文绘本，只读英文，孩子竟然听懂了。所以不要低估孩子的语言理解能力。

总之，要根据孩子的理解力，用孩子喜欢的方法念。

(三)保障每天念一定时间

每天念多长时间合适呢？每天至少保障 40 分钟的英文故事，不算中文故事时间。当然，作者建议越多越好。作者在辞职前，由于时间有限，一年只念了30本(绘本的文字很少，一年３０本确实不多)。她说给孩子读英文绘本故事，自己的英语水平也提高了很多。

因此，给学龄前孩子一定要多念，同时也培养了孩子爱阅读的好习惯(对文字和书籍的敏感)。

三、孩子不喜欢有办法

很多新书和新故事，孩子都不喜欢，就像大人喜欢熟悉的老歌曲不太喜欢新歌一样。

想想我们是怎样喜欢上新歌的？流行曲或身边人喜欢的歌，总是在无意中给我们灌耳音，慢慢地我们也会在无意中"跟着"哼唱，从而自然喜欢上这首歌。

对于孩子也一样，家长先从买书做起。给孩子买书时，不要一本一本地买，可以一次多买几本，放在手边，先让孩子熟悉这些书籍的封面和里面的图画，家长也不要急于给孩子读这些新书。家长闲的时候，自己先大声地读，表演给孩子看和听(就当作自己提前准备、读熟的过程)，读的过程还要不断大声点评故事中有趣的、惊险的、生气的、愤怒的等情节(就用中文说，除非你的英文水平很高)。例如说："这个小熊真是太逗了，他竟然……""这个斑马真是太气人了，他要欺负小狐狸……"然后读一句英文的原文，说明这个情节，这就是给孩子灌耳音的过程。

总之，根据孩子的特点，家长可以用不同的语气、语调和说法，用各种吸引孩子的方法引起和调动孩子的兴趣。如果孩子想听，家长甚至可以先吊吊孩子的胃口，说："我正念到精彩的地方，等我先自己读完，再给你讲。"也许孩子就跟着家长听下去了。

给孩子念故事最好把一本书给孩子念熟，念到"妈妈快要吐了"，再加入一本新书。作者介绍说，当家长能坚持和孩子一起念完20本书，孩子就会具有听英文故事的能力和兴趣了。还是那句老话：万事开头难。

刚开始孩子可能不爱听英文故事。作者在书中也介绍说，有一次她刚开口读英文故事，她女儿说："妈妈，我不要听这个。"妈妈就说：看到什么字，就要怎么念，这是仙女规定的(看孩子信什么)，否则妈妈会难过的。还有一次孩子拿了两本两种书，不想听英文。妈妈就说：那我们是讲一本呢还是讲两本？孩子喜欢故事书的时候，不会舍得让妈妈少讲一本。把读过的书和加入的新书一起反复读，也会让孩子喜欢。

总之，吸引孩子的永远都是那些好听的故事和好看的绘图，以及妈妈的关爱，不要强迫孩子听书。

作者说："买什么都可能浪费，买书绝对不会浪费。"我很认同作者的这个理念。

四、买英文故事书有诀窍

有家长说我的英文不太好，能买带中文的英文书籍吗？作者坚定地说：不能。这是她的经验。她认为必须是纯英文的故事书，不要用那种有一半英文、一半中文翻译的书籍，她认为这种书会让孩子只想听中文。听过的英文故事书，孩子们都会反复看的。他们大一点会自己看书的时候，他们就会更多地看自己熟悉的中文。

那该怎么选英文书呢？

（一）选有趣的英文故事书

给孩子读英文故事书，要以孩子喜欢的故事为主。要让孩子喜欢听，故事就必须精彩。所以对于稍微大一些的孩子，一定要选择故事情节有吸引力的英文书，故事好看是第一位的，其次才是英文。如果孩子不喜欢故事，就谈不上学英文，听英文。

（二）专家如何用英文故事书培养孩子的兴趣

大家可以在网上搜一下"汪培珽"，就会有她开出来的分阶段书单，可以作为选书的参考。其原则是0—3的孩子主要读简单的绘本，每一页只有一句话，有大大的图，故事很短。孩子长大一点，就可以读故事情节复杂一点的或有章节的故事。

婴幼儿学习语言只有家长多讲，让孩子多听（多输入），他们才有可能学习更多、积累更多。让孩子多听，不论是中文还是英文，只要孩子喜欢听就可以。

按照孩子的要求多念，这也符合学龄前孩子学习的特点：顺其自然，是顺着孩子的意愿，不是顺着家长的心愿。

汪培珽提醒家长千万不要问孩子听懂没有，不建议家长用故事书中的一句话问孩子，如，这句话是啥意思？她认为这样会扼杀孩子听故事的兴趣。

她从来不问孩子是否听懂，如果孩子没有听懂，他就不会有兴趣和耐心待在家长身边听下去，孩子喜欢听就说明他已经听懂了。家长只管多多地念故事，孩子如果不懂，他要么不听，要么会提问。孩子问什么，家长回答什么。作者特别强调，因为她的英文水平有限，只会用中文回答。当然英文水平高的家长，可以用英文回答。

汪培珽用这种方法让自己的两个孩子轻松学好了英语。她的方法为什么能让孩子轻松学好外语呢？是否符合孩子学习语言的规律呢？

作者给孩子多读英文故事，多灌耳音，希望孩子轻松学好英文，这种方法是否符合孩子学习语言的规律？是否能达到轻松学好英语的目标？真正体现孩子相对于成人更具有语言学习的优势呢？

五、念外语故事的方法有依据

作者介绍的这个方法会不会只是一个特殊的个案，没有普遍性呢？

移民家庭的孩子可以做到两种语言的快速转换，其原因就在于家里有说另一种语言的人。孩子在汉语环境中学习英语遇到的最大问题是孩子听得少，在生活中缺少一位能流利说地道英文的人，怎么办？

实践证明，念英文故事可以保障孩子每天听够一定的数量，弥补听得不够的问题。因为学习语言不仅仅学习语调，还要学习语序、语法、词汇的用法，以及词汇的积累。家长给孩子讲英文故事，虽然语调可能不标准，但是可以学习标准的英文语序、语法、丰富的词汇以及用法。孩子听多了，自然就学会这种语言的表达方式和词汇的用法，这正是孩子作为语言天才的表现。语调不标准，可以用其他方法矫正。如果不会用英文思维组织语言，就很难弥补。

六、使用音视频有讲究

有些家长说自己没有这个能力和水平，也没有时间，能不能给孩子多听多看英语音视频？

这个要分年龄和内容。

（一）2 岁前最好不用音视频

研究人员曾经让 9 个月大的英语国家婴儿听中文，一组宝宝听妈妈读，另外一组听妈妈的录音或者看视频，听的次数都是 12 次。实验结果表明，听妈妈读中文的婴儿对中文有反应，而听录音或者看视频的宝宝，却没有反应。也就是说听音频或看视频的孩子没有学会①。

---

① ［美］达娜·萨斯金德(Dana Suskind)、贝丝·萨斯金德(Beth Suskind)、莱斯利·勒万特-萨斯金德(Leslie Lewinter Suskind) 著：《父母的语言：3000 万词汇塑造更强大的学习型大脑》，任亿译，机械工业出版社 2017 年版，第 64 页。

之所以说0—1岁的孩子一定要妈妈亲自念才有效果，前面介绍过"帽子里的猫"的实验①。该实验证明，孩子出生以后就喜欢听妈妈的声音，听到妈妈的声音，他就会兴奋，而听见其他人的声音则没有反应。这也证明孩子是因为喜欢妈妈的声音才去听。

神经科学家提供了进一步的证据。他们发现当宝宝被妈妈抱在怀里，看着他，用柔和的语调给宝宝说话时(也可以是唱歌、读书)，宝宝就会感到快乐。当人感到快乐的时候，大脑就会涌出更多的多巴胺，而"多巴胺固化大脑的改变……任何与这个快乐经验有关的联结都深深印入我们的脑海中，不会忘记"②。因此，孩子们是因为喜欢妈妈的怀抱，喜欢妈妈的声音才会"顺便"听妈妈说话的内容，包括读书声或歌声，听多了他就会将妈妈的声音以及读书声、歌声印入脑海，喜欢这些内容，以后就会表现为喜欢读书、喜欢唱歌。

所以，在宝宝出生后的第一年，家长千万不能"偷懒"，因为这一年相当于打地基，家长说了多少、做了多少，当时看不出什么效果，这些孩子似乎和其他没有进行过早教的孩子没有区别。但是，等宝宝会说话之后，家长就会发现，他们说话的内容更丰富。如听了很多诗词的宝宝，在会说一个字的时候，就能接诗词的最后一个字。我们不看宝宝记住了多少，但我们知道这些诗词的韵律和词汇都在帮助宝宝塑造着大脑。

所以，播放再美妙的声音都不能代替爸爸妈妈的声音。不论妈妈爸爸用什么语言、讲什么故事，对于孩子来讲，只要是妈妈爸爸(当然也包括照护人)的声音他就喜欢，孩子就会听，其中也包含着，爸爸妈妈会根据宝宝的反应，调整阅读与否以及怎么阅读等，始终回应宝宝的即时情感。他会很享受爸爸妈妈关注他一人的那种幸福感受。宝宝心情好，才顺便去听故事、儿歌、诗词歌曲等。听多了，慢慢就会喜欢上故事、儿歌、诗词和书籍(也是敏感期的作用)，因为这些熟悉的故事书带有与爸爸妈妈独处的幸福感受，巴浦洛夫的著名实验也验证了这一点。

所以对0—3岁的孩子还是少听音频为好，因为如果孩子不喜欢的话，这些音频无异于噪音。就像让喜欢听京剧的爷爷去听他不喜欢的迪斯科一样。

(二)2岁后使用音视频有节制

大一些的孩子(起码2岁以后，根据孩子的情况定)听音频之前，家长要

---

① 边玉芳等编著：《儿童心理学》，浙江教育出版社2009年版，第82-84页。

② ［美］诺曼·道伊奇(N. Doidge)著：《重塑大脑，重塑人生》，洪兰译，机械工业出版社2015年版，第128页。

先给孩子把故事念熟。

关于听故事的音频，作者介绍说，她给孩子在 4 岁以后开始用。但是在用音频之前，她会先给孩子把英文故事反复念熟，等孩子真正听懂了，喜欢上这个故事，家长才可以稍微偷一下懒，让孩子听音频，这个过程也是纠正孩子的发音以及自学新词汇的过程。

大家也会有这样的经验，孩子在听一个新故事时，他会在有些地方多停留一会儿，问问家长，或者自己多看一会儿，自己想一想，在有些地方则一带而过。听音频则不会有这种节奏，孩子只能按照一个节奏一直听下去，对于不理解的以及似是而非的地方，都会一带过了，囫囵吞枣，孩子最终只是听到故事的热闹，理解和记忆的未必很清楚。听音频类似泛读，等孩子长大一些，有一定基础之后，就可以通过音频多听一些。

对于儿歌、诗词这些内容，可以给孩子反复多听，让他们熟悉韵律，便于背诵。即使这样，家长也要抽时间和孩子一起读，因为看着文字读，自己把握节奏地读，会让孩子把听得似是而非的地方搞清楚，同时也可以顺便给孩子讲解一下诗词、儿歌的含义。

还有学唱孩子喜欢的英文歌曲。例如孩子喜欢的动画片中的插曲，家长可以把孩子喜欢的插曲歌词写下来，和孩子一起看着歌词多练习唱几次，一直到孩子唱熟为止，然后就可以让孩子听着音频跟唱。学习中文歌曲也是一样的。

千万不能让孩子完全依赖音频，让孩子无止境地听音频的危害，这里暂不展开细说。

孩子学会听英语故事之后，还可以给孩子看英文的动画片和英文的电影。这些标准的语调，都会矫正他们的发音。

七、报班学习效果差

作者建议报补习班越少越好。年龄越小，效果越不好，年龄大一些可以上，但是未必能达到预期效果。作者的大女儿小学时曾经上过补习班，请过每周一次的英语口语家教，弟弟则完全没有上过任何补习班。弟弟后来上全英文幼儿园、姐弟俩上全英文小学，都能轻松应对，作者认为主要得益于从小听英文故事。

八、中英文水平同步提高

在培养孩子的过程中，怎么对待中文和英文之间的关系？作者的理念是中文高标准，英文低标准。因为孩子的母语是中文。

不论中文还是英文，它们都是一种交流工具。在世界越来越一体化的情况下，多掌握一门语言，会增加孩子们的发展空间。现在外国人也开始重视中文，作为中国人如果我们放弃自己的先天优势，没有学好中文，那是很可惜的事情。

作者时刻注意不能为了学英文，让孩子的中文水平有所降低，所以她买绘本的时候一定是 1∶1 的。在读故事的时候也注意两者的平衡，没有偏向哪一方。

以上主要介绍的是外语的学习方法，所以提到要读英文书籍的内容就多一些，在实际操作中，中英文学习的时间要均衡分配。因为学习任何外语都不能放弃自己的母语，任何因学习外语而放弃或者荒废掉母语的做法都是舍本求末。在国外的华人则要利用家长的语言优势，注意给孩子从小多念中文故事，因为中文对生活在国外的孩子来讲是外文。

希望每一个孩子不仅会用外文，更要用好母语。

作者引用台湾著名作家龙应台的一段话来说明中英文的关系。她说："英语，当然非常重要，因为对于非英语人而言，它是一个便捷的万用插头，放在旅行箱里，到任何一个城市都可以拿出来，插上电。但是我们不能因此以为电的来源就是个万用插头。事实上，插头不能供电，英语也给不了思想和创造力。英语只是一种语言，他给不了你的孩子思想和创造力。所以，家长不要盲目地认为有了英语能力就能保证成功。"①

可见，学好外语最简洁的方法就是给孩子每天坚持讲外语故事。从今天开始，给孩子坚持讲外语故事吧。

◎心理学知识链接

经典条件反射：巴浦洛夫的实验巴普洛夫发现，每当狗进食的时候都会分泌唾液(与妈妈在一起和听妈妈声音都会心情愉快)，此时狗分泌的唾液是狗在吃到食物时候的一种本能的反应(宝宝愉快就会分泌大量多巴胺，这是本能反应)。之后，每当狗进食的同时，巴普洛夫就摇铃(和妈妈在一起就听妈妈念书)，则不会影响狗分泌唾液，正常进食(妈妈搂着宝宝一起读书，宝宝也会心情愉快，分泌多巴胺)。此时狗分泌唾液的反

① 汪培珽著：《培养孩子的英文耳朵》，长江文艺出版社 2017 年版，第 183 页。

应仍然是狗吃到食物时的一种本能的反应(此时孩子心情愉快是因为听到妈妈声音和与妈妈在一起的本能反应)。通过多次进食时伴随摇铃练习之后(经常坐在妈妈怀里或者依偎着妈妈,听妈妈念故事书),当狗单独听到摇铃声时(当孩子单独看故事书时),狗狗也会分泌唾液(孩子也会想到妈妈的声音和在妈妈身边的温馨感受),巴普洛夫认为这种分泌唾液的反应是狗通过大量练习之后获得的(这就需要家长在孩子0—3岁特别依恋家长的时期,多给孩子讲故事,孩子就会学会自己看书,自己喜欢上书籍)。

年龄越小(0—1岁期间就开始),依恋家长越强烈,越容易通过学习养成某个习惯。读书如此,培养特长爱好也是如此。例如妈妈抱着宝宝去看爸爸踢足球、打篮球、游泳。日常生活中,经常听到家长唱戏曲、弹钢琴、吹小号等,都会让孩子形成敏感,就像对家乡食物形成敏感一样,会终身喜欢这种味道。这就是印刻在脑海里的记忆,这种喜欢是刻在骨子里的喜欢(实际上是刻在脑海里了,这些活动塑造了大脑),这才是真正的爱好,而不仅仅是特长。

第五节　听故事机的孩子不爱读书

【案例】:

有位家长曾经咨询,她孩子上小学一年级了,刚上2天,就不想去上学了,说有一个老师太凶了。每天把孩子送到学校门口,她都哭着不想进去。我先帮助解决了让孩子上学不哭的问题,然后验证一下我的假设。我就问她:"孩子爱看故事书不,有没有让孩子着迷的故事书?"她说:"孩子自己不爱看书,爱听我讲。也爱听故事机讲故事,没有特别喜欢的书,对书不着迷。"这才是孩子不喜欢上学的真正原因。

现在很多孩子爱听故事,但是不爱看书,上学以后学习很被动。家长就很纳闷,专家说"多听"会开发孩子的智力,多听故事的孩子爱读书、爱上学。她家孩子怎么就例外呢?因为他们在孩子不满周岁的时候,就买了故事机,经常给她听。出去遛娃都不闲着，让孩子一直听着故事机，故事机都换了几个，到头来孩子还是不爱上学读书，问题到底出在哪了？

一、故事机不能让孩子爱上读书

这个家长介绍说她家孩子爱听故事机和她讲故事，但是不爱看书。他们工作忙，孩子从小主要听故事机讲故事。故事机都用坏了几个，咋就不爱上学呢？我们介绍一个实验，揭示了这一现象背后的原因。

（一）"听"和"读"建立不同的脑神经联结

我们知道，人类的行为是大脑神经联结状况的外在表现。外在信息刺激大脑神经联结，形成回路。这些联结只有不断被使用（练习），他们才能被稳定下来。只有这些联结稳定了，才能形成一个熟练的行为或习惯。

卡内基梅隆大学的迈克尔和佳斯特做了一个大脑扫描实验。发现大脑处理"听"和"读"是在不同的区域，理解"听"和"读"的意义，也在不同的"理解中心"。

加斯特说："大脑从读和听所建构的信息有所不同……听一本有声书跟阅读那本书所留下的记忆是不同的，在收音机上听到新闻跟在报纸上读到同样一则新闻，虽然是同样的话，但处理的过程不同。"[1]也就是说，听书和读书所使用的大脑神经回路是不同的，发展和巩固的神经联结回路也是不同的

听书和读书塑造不同的大脑结构。听书需要"听觉"和"意义理解神经"两部分神经联动共同完成。而读书动用的则是"视觉神经""移动眼睛的运动神经"以及"意义理解神经"，他们三者全部联结起来才能完成[2]。我们会简单地认为：条条大路通罗马，不论通过哪几条神经通路，最终都会汇集到"意义理解神经"。最终强化了"意义理解神经"，提高了理解力，就能提高学习能力。但是，事实并非如此。迈克尔和佳斯特[3]在实验中发现，通过"听"和"读"两种方式进入大脑的信息，他们的"意义理解中心"竟然是不同的，大脑具有多个理解中心，而不是只有一个理解中心。

---

[1] ［美］诺曼·道伊奇（N. Doidge）著：《重塑大脑，重塑人生》，洪兰译，机械工业出版社2015年版，第341页。

[2] ［美］诺曼·道伊奇（N. Doidge）著：《重塑大脑，重塑人生》，洪兰译，机械工业出版社2015年版，第325页。

[3] ［美］诺曼·道伊奇（N. Doidge）著：《重塑大脑，重塑人生》，洪兰译，机械工业出版社2015年版，第341页。

也就是说，读书和听书（包括听家长读书和听故事机）他们所使用的神经回路是不同的，塑造和巩固的大脑神经路径也是不同的，听和读塑造了不同的大脑结构。

这就是从小习惯听书的孩子，上学之后不喜欢自己看书、读书的原因。不喜欢看书的孩子，是因为他们的读书神经回路不畅通。首先他们的"视觉神经"以及"移动眼睛的运动神经"对文字不敏感，有些孩子在看书时，不能很好地控制"移动眼睛的运动神经"，不能一字一字地看文字。其次是即使看过去了，也很难理解文字的内容，因为这部分"意义理解神经"没有强化过，他们不能即时理解看到的文字，也就是说，他们看书上的字，但是不能马上理解这些文字的含义，他们就会感到看书很难，看书没用，这样就不喜欢读书学习。不喜欢看书的孩子，他们就不喜欢自己看书进行预习或复习；没有预习复习就会造成学习困难，让他们更不喜欢上学学习，形成恶性循环。如果老师布置课外阅读书籍，他们也是能逃就逃，总觉读书太慢，不如听书方便。与习惯读书的人正好相反，习惯阅读的人觉得读书才能理解得更到位、记得更牢固。这也是"听"和"读"塑造不同大脑的外在表现。

（二）看着书听故事，才能养成读书习惯

看着书听故事，孩子才能形成对文字的敏感。习惯听故事机的孩子，只听不看，很难对文字形成敏感，这也让他们不喜欢"看"着字读书，也就是说很难养成阅读习惯。要让孩子在学龄前养成读书的习惯，开发智力，持续提高学习能力，需要家长耐心、持续地点着字给孩子讲故事，也就是说，让孩子边看边听。

妈妈拿着书讲故事，故事书会带有妈妈的爱意，会激活宝宝的快乐中心。这是家长拿着书给孩子讲故事与听故事机的最大区别。

1954 年，詹姆斯·奥尔兹（James Olds）和皮特·米尔纳（Peter Milner）[1]研究发现，如果任何一个行为（包括学习行为）与愉快、快乐相伴，人们就会喜欢、痴迷这个行为（包括学习），这是因为大脑的快乐中心被活化了。外在表现就是人们会全身心地想去做这个行为，包括去学习。

在婴幼儿期间，孩子们最大的快乐和幸福之一就是在爸爸妈妈的怀抱里。可以说宝宝扑进刚下班的爸爸妈妈怀里，是最快乐、幸福的时刻，这时宝宝大

---

① ［美］诺曼·道伊奇（N. Doidge）著：《重塑大脑，重塑人生》，洪兰译，机械工业出版社 2015 年版，第 127 页。

脑中的快乐中心就被活化了，分泌了大量的多巴胺。如果这时爸爸妈妈抱着孩子读故事，孩子听故事的经验就变成愉悦的事情。多巴胺不仅让人快乐，还会"固化大脑的改变"。因此，在愉悦的时候，"任何与这个快乐经验有关的联结，都深深印入我们的脑海中，不会忘记"。① 在爸爸妈妈怀抱里听故事的美好经验将深深地印入孩子的脑海，不会忘记。爸爸妈妈不在身边的时候，与爸爸妈妈一起看过的故事书，都将成为孩子快乐的源泉。因为这些书中有与爸爸妈妈在一起的幸福记忆，甚至长大以后，读书都会成为快乐的源泉。

不仅如此，实验还显示，"当我们的快乐中心活化时，会使旁边的痛苦中心和厌恶中心难以活化"。② 也就是说，当我们做快乐的事情时，例如被爸爸妈妈抱着读书，孩子不仅很容易感受到快乐，还不容易感受到痛苦、厌恶等不快乐的情绪。在现实中大家也会发现，喜欢听故事的宝宝更快乐。

所以家长从婴幼儿开始，抱着孩子讲故事（包括念诗词儿歌等），不仅会让孩子喜欢上阅读，养成爱读书的习惯，还会让孩子成为一个不爱哭闹，快乐、开朗的小天使。

看着书听故事，有利于孩子认字。多阅读而不是只是多听书，也有利于孩子在阅读中认识更多的文字，更有利于养成阅读习惯，形成良性循环。有些孩子就是在学龄前听家长讲故事，自己翻看故事书的过程中认识了大量的文字，甚至脱盲。樊登老师曾经多次讲过，他儿子在学龄前就认识很多字，但是他们并没有专门教过他认字。实践证明，只要家长从 0 岁开始给孩子多念诗词、儿歌，多讲故事等，很多孩子在学龄前都能实现独立阅读。从实用的角度看，喜欢阅读的孩子上学后能够更顺利地适应或融入学校的学习生活。

二、音视频给孩子带来的副作用

有些家长认为，故事机、电视、平板等音视频对孩子的教育虽然没有什么好处，但至少也没有什么害处。让孩子接触这些产品起码能满足孩子喜欢的心情，或者能让孩子安静一会儿。有些家长甚至认为电视、平板、手机等视觉媒体是非常称职的临时保姆。非常遗憾的是，学者的研究已经表明，让婴幼儿看视频更是弊大于利。

---

① ［美］诺曼·道伊奇（N. Doidge）著：《重塑大脑，重塑人生》，洪兰译，机械工业出版社 2015 年版，第 128 页。

② ［美］诺曼·道伊奇（N. Doidge）著：《重塑大脑，重塑人生》，洪兰译，机械工业出版社 2015 年版，第 128 页。

(一)婴幼儿不喜欢被动听陌生的声音

多听故事机是安慰父母的做法,并不能解决让婴幼儿多听的问题。库尔教授团队让 9 个月大的美国婴儿听汉语实验,实验发现,"听到真人说话的婴儿能够辨别出汉语普通话语音。听到录音或看视频设备说话的婴儿则没有任何变化"。①

实验中,婴儿之所以听妈妈或其他看护人阅读就能学会,使用音频或视频就学不会,是因为孩子喜欢与人互动,喜欢被妈妈等看护人呵护、关心,喜欢与他们粘在一起。特别是只要和妈妈在一起,听到妈妈的声音,他们的心情就愉悦,就会认真听。也就是说,孩子是因为喜欢与他说话的人,他才去听。

语言本身是人与人之间互动交流的工具,如果人类之间不需要交流,彼此隔绝,就不需要语言存在。因此,"大脑不是被动的学习语言,而是只在社会回应和社会互动的环境下学习语言"。② 听妈妈等看护人阅读的过程就是成人与合作互动的过程,是人们关注他、陪伴他、让他感受到爱的过程。"认知科学家把这种学习方式叫作'社交学习'""0—5 岁的婴幼儿主要靠和大人交流来学习的"。③ 因此,可以说"智力发展的重要因素是养育者的反应性和鼓励"④而音频或视频则是没有任何情感的交流或互动,没有社交的功能,孩子只是被动地听或被动地看,因此他们并没有进行学习。

如果非要使用音视频的内容,建议家长与孩子一起学习,让孩子感到这个音视频是与家长一起观看的,是家长教的。

(二)音视频影响孩子主动参与学习

不提倡让 0—2 岁的婴幼儿被动使用音视频学习的另一个原因是,2 岁前的孩子处于感觉运动阶段,认识、接受或学习新内容需要各种感觉或运动全方位参与,除了眼看和耳听之外,还包括手触、嘴尝、肤触、鼻闻以及与人互动或动作(运动)等,而音视频并不能调动婴幼儿的感觉器官或动作(运动)等参

---

① [美]达娜·萨斯金德(Dana Suskind)、贝丝·萨斯金德(Beth Suskind)、莱斯利·勒万特-萨斯金德(Leslie Lewinter Suskind)著:《父母的语言:3000 万词汇塑造更强大的学习型大脑》,任亿译,机械工业出版社 2017 年版,第 64 页。

② [美]达娜·萨斯金德(Dana Suskind)、贝丝·萨斯金德(Beth Suskind)、莱斯利·勒万特-萨斯金德(Leslie Lewinter Suskind)著:《父母的语言:3000 万词汇塑造更强大的学习型大脑》,任亿译,机械工业出版社 2017 年版,第 64 页。

③ 杨滢著:《让孩子受益一生的大脑开发课》,海南出版社 2021 年版,第 21 页。

④ [美]凯斯琳·史塔生·柏格尔(Kathleen Stassen Berger)著:《0—12 岁儿童心理学(第六版)》,陈会昌译,中国轻工业出版社 2016 年版,第 205 页。

与学习的过程中，需要让孩子在闻、摸等感受中理解的内容，都无法实现。对于舞蹈、运动等动作类的视频，2岁前的宝宝无法做到模仿、参与，即使能模仿，孩子们的行动都需要有人欣赏，及时回应和鼓励，他们才有兴趣继续模仿下去。因此，研究表明，3岁以前，由于儿童受自身视觉、听觉、技能以及对外在世界认识和理解的限制，他们不大可能离开成人的协助独自使用音视频学习新知识。也就是说婴幼儿使用音视频学习，一定是在父母的参与或陪伴下才有效果的，包括看书或外出旅游也是如此。① 甚至有研究还发现："6个月大的婴儿看视频越多，他们的认知和语言发展就越慢。"②因为孩子在看视频的时候，会减少家长与孩子的互动交流，反而让孩子少听了有效的语言。

(三)音视频减少婴幼儿学习的机会

音视频特别是视频，如果使用不当，对8—16月大的婴儿负面影响最为强烈。因为8—16个月是词汇快速发展的时期。例如，一般家庭打开电视之后，婴幼儿身边的人都会专注看电视，很少交谈，看护人与婴幼儿之间的交谈也会减少。而婴幼儿只有与人多交流，才能听到更多，学习更多。

有些家长说他们给孩子看的是专门购买的开发婴幼儿智力的视频节目，不是普通的视频或电视节目。但是遗憾的是，多位学者的研究已经证明，"与没有观看过教育类节目的孩子相比，那些在7—16个月大时观看过这类节目的孩子实际上语言发展更差，知道的词和短语更少"③。可见，即使看专门针对婴幼儿教育的视频，也会影响婴幼儿语言的进步。这种影响已经在美国市场得到印证。基于教育类媒体对孩子智力发展有所损害的研究事实，"赞助了小小爱因斯坦节目的沃尔特·迪斯尼公司做出一个惊人举动，他对购买小小爱因斯坦录像产品的数百万父母进行了赔偿"④。如果没有确凿的事实证明，教育类的视频对孩子们造成了损害，企业能轻易给消费者进行赔偿吗？再说了，即使赔偿，也只是补偿家长的一些经济损失，对孩子造成的损害以及对成长机会的损

---

① [美]凯斯琳·史塔生·柏格尔(Kathleen Stassen Berger)著：《0—12岁儿童心理学(第六版)》，陈会昌译，中国轻工业出版社2016年版，第205页。

② [美]凯斯琳·史塔生·柏格尔(Kathleen Stassen Berger)著：《0—12岁儿童心理学(第六版)》，陈会昌译，中国轻工业出版社2016年版，第205页。

③ [美]罗伯特·费尔德曼著：《发展心理学——人的毕生发展(第六版)》，苏彦捷、邹丹译，世界图书出版公司北京公司2013年版，第187页。

④ [美]罗伯特·费尔德曼著：《发展心理学——人的毕生发展(第六版)》，苏彦捷、邹丹译，世界图书出版公司北京公司2013年版，第187页。

失，则是无法补偿的。

总之，对于 0—2 岁的孩子，特别是对 1 岁半之内的婴幼儿，要慎用音视频，如果实在要用的话，家长最好参照视频内容，与孩子一起进行互动，陪伴孩子一起学习。同时，看或听音视频也要控制时间。我们不建议给 0—3 岁的宝宝看电视、视频等，以防宝宝形成视频敏感，对视频痴迷。建议家长拿着书给孩子念诗词、儿歌或讲故事等，只有这个举动才最有益于孩子养成读书习惯，有利于孩子学习能力的提高，也为孩子顺利适应学校学习生活以及养成一生爱阅读的习惯打下基础。

◎心理学知识链接

最经典的实验是西雅图华盛顿大学的认知与脑科学教授帕特里夏·库尔(Patricia Kuhl)所做的实验。研究人员把 9 个月的美国婴儿分成 4 组，分别学习汉语。第一组婴儿听一个研究生用中文给他们一对一讲故事(实验组)。第二组婴儿听讲故事的录音。第三组婴儿看讲故事的视频。讲故事的人和内容和第一组完全一样。第四组婴儿只听英语故事，没有接触汉语故事。在一个月里经过 12 次同样数量和强度的实验。结果发现听到真人说话的第一组婴儿能辨别出中文，而听录音、看视频的婴儿与没有听过汉语的第 4 组婴儿一样，对汉语都没有反应[1]。这个实验说明，"婴幼儿是通过与大人互动来学习的，这个过程从孩子降生到这个世界的那一刻就开始了"。[2] 可见，家长试图通过让婴幼儿多听音频学习外语或掌握更多知识是没有什么效果的。

---

① 杨滢著：《让孩子受益一生的大脑开发课》，海南出版社 2021 年版，第 22 页。
② 杨滢著：《让孩子受益一生的大脑开发课》，海南出版社 2021 年版，第 23 页。

第五章　游戏中轻松脱盲

第一节　学龄前能否认字？

提起让学龄前孩子认字，很多人马上就会想到"拔苗助长""抢跑"或者"鸡娃"等，认为认字读书是上学以后的事情，学龄前孩子就应该自由自在地快乐玩耍。言外之意，学龄前孩子认字是让孩子不快乐甚至是痛苦的事情，暗含读书认字活动与孩子发展阶段不符，认为学龄前孩子不适合读书认字。还有人认为，看图认物等才是适合学龄前孩子认知发展水平的做法，甚至有些地方政府也禁止幼儿园教小朋友认字。

【案例】：

> 某幼儿园园长很无奈地说，他们城市的教育管理部门，不允许幼儿园教孩子们认字，甚至通过突袭检查孩子们有没有带书包，来鉴别幼儿园是否教孩子们认字。如果孩子们带书包了，就会处罚幼儿园，认为是幼儿园小学化，给孩子增添了负担。

这种做法是否有科学依据？

一、学龄前识字案例与实践

（一）《卡尔·威特的教育》案例

1818 年德国牧师卡尔·威特在《卡尔·威特的教育》①．一书中详细记录了他对儿子小卡尔·威特的教育过程。小卡尔八九岁时就能熟练运用 6 国语言，

---

① 卡尔·威特著：《卡尔·威特的教育》，景青译，长江文艺出版社 2021 年版。

9 岁上大学，14 岁获得哲学博士，16 岁获法学博士。

　　有人会认为小卡尔天生是"天才"。事实并非如此。小卡尔早产一个月，出生时因脐带绕颈，差点窒息而亡，小卡尔虽然奇迹般地活下来了，但是医生认为，即使这个孩子能够存活下来，也是先天明显不足，他的大脑看起来发育不健全，虽然他今天活了下来，但是对于他来说，恐怕将来的生活比今天更加可怕。正如医生所说，小卡尔出生之后，周围人都见证了他的迟钝或痴呆。①从一定意义上说，小卡尔属于先天发育不良。1800 年小卡尔出生时，当时比较流行、并被人们广泛认可和深信不疑的主流思想是："儿童的教育应该从七八岁时开始……还有一种让很多父母都感到非常恐惧的观点，那就是儿童的早期教育对儿童本身的健康有害。"②而老卡尔·威特通过研究了解到"幼儿时期的教育决定孩子一生""天才的失败是因为父母的极度催逼""从出生下来到三岁之前，是婴儿最重要的时期，因为这段时间孩子大脑接受事物的方式和之后的完全不同"等。因此，他从小卡尔出生那天开始进行早教，最终弥补了孩子的先天不足。从半岁开始，老卡尔就根据小卡尔的情绪和兴趣，因势利导，教小卡尔认识字母和数字，3 岁开始写字，4 岁开始记日记（手写的），5 岁会 3 国语言，很多动物学、植物学、历史和文学等方面都达到初中毕业水平。老卡尔将大量知识作为训练小卡尔学习能力和开发大脑潜能的工具，并没有使学习成为他的负担。小卡尔从小储备了丰富的知识，并没有成为大家眼里的书呆子，而是非常活泼可爱。长大后的小卡尔回忆："在儿童时代，读书对于我来说完全是一种享受。可以这么说吧，无论是在幼儿时期、少年时期，还是在现在，我一直都觉得学习就像玩游戏一样快乐。在我小时候，爸爸总是能找到许多既让我学到知识又让我玩得高兴的好办法。他从来不把读书当作一项我必须完成的任务。"③对于小卡尔来讲，学习始终是有趣的游戏，从不觉得累。当然，老卡尔对小卡尔进行的是全面培养，包括与人交往、生存能力、辨别能力等。

　　可见，孩子并不是不能认字、读书，也不是不喜欢认字、读书，而是要找

---

　　①　卡尔·威特著：《卡尔·威特的教育》，景青译，长江文艺出版社 2021 年版，第 25 页。

　　②　卡尔·威特著：《卡尔·威特的教育》，景青译，长江文艺出版社 2021 年版，第 24 页。

　　③　冯德全、袁爱民主编：《你的孩子也是天才》，湖北人民出版社 2007 年版，第 62 页。

到合适孩子的方法，要用让孩子在玩耍、游戏中快乐地学习、成长。

（二）蒙台梭利让学龄前孩子轻松学会读写

20 世纪初蒙台梭利创办了第一所"儿童之家"进行教育实践（或实验）和研究。她在实践中发现，认字、读书非常符合学龄前孩子的心智发展"天性"，而并非像很多家长认为的那样，读书"是一件让孩子痛苦的事情"。家长们"希望孩子只玩耍、睡觉，不用做其他事情。但孩子显然并不这样想。事实上，孩子痛恨这种作息模式，并以各种方式表达自己的不满"①。蒙特梭利还在"儿童之家"创造性地实现了让学龄前孩子轻松认字、喜欢阅读的目标。

蒙台梭利的"儿童之家"最初接收的孩子大部分来自最贫困家庭，很多父母都是文盲，孩子们在 3 岁左右入园，在 4 岁左右就能读、写。并且孩子们自己认为，他们不需要任何教，他们都是自己学的。可见，老师们在教他们读写时，是用润物细无声的方法，并没有让孩子们感受到他们在学习。蒙台梭利"通过对 3—6 岁，甚至更小的孩子进行认真的观察，并没有发现他们在学习时出现疲惫，而是越学越兴奋，并不是所有的活动都会产生疲惫感""事实上，心智的发展让孩子更有活力，更有力量，更健康，根本不会产生疲惫感"。蒙台梭利用她创造的方法教授孩子们认字、书写，"孩子到六岁的时候，差不多就能阅读整本故事书了"②。因此，蒙台梭利认为"孩子要到 6 岁才接受教育，白白浪费了大量的宝贵时间，孩子的发展也因此受到极大的阻碍。"③

蒙台梭利在"儿童之家"还发现，4 岁左右的孩子比 7 岁或者更大一些的孩子更容易完成单词拼写（4 岁只需老师念一遍，7 岁或者更大的孩子则需要老师多念几遍④），据此她提出了孩子心智发展敏感期理论。"当敏感期一过，这些刺激对孩子的影响力就会逐渐变弱"⑤。为避免许多聪明伶俐的孩子，上学后发蒙和厌学，必须进行提前进行认字、读书等早期教育。

---

① ［意］蒙台梭利著：《蒙台梭利儿童教育手册》，蒙台梭利编委会译，中国妇女出版社 2017 年版，第 7 页。

② ［意］蒙台梭利著：《蒙台梭利儿童教育手册》，蒙台梭利编委会译，中国妇女出版社 2017 年版，第 5 页。

③ ［意］蒙台梭利著：《蒙台梭利儿童教育手册》，蒙台梭利编委会译，中国妇女出版社 2017 年版，第 2-3 页。

④ ［意］蒙台梭利著：《蒙台梭利儿童教育手册》，蒙台梭利编委会译，中国妇女出版社 2017 年版，第 3-4 页。

⑤ ［意］蒙台梭利著：《蒙台梭利儿童教育手册》，蒙台梭利编委会译，中国妇女出版社 2017 年版，第 4 页。

（三）国内大量学龄前识字的实践

20世纪八九十年代，武汉大学冯德权教授曾创立"零岁方案"，指导家长教学龄前孩子识字，全面开发孩子们的潜能，培养了一批优秀的孩子，其中包括刘亦婷等。

很多将孩子培养成才的家长，在总结自己的育儿经验时，普遍提到，在孩子学龄前，他们曾经花费大量心思，设计大量游戏，进行语言、阅读、数学等智力启蒙教育。

闵小玲在《你的孩子也能进北大》①一书中，介绍了她如何成功培养儿子当当熊保送上北京大学的经验。她详细介绍了如何让当当熊成为"健康又阳光、学业轻松、才智与情商获得均衡发展"的孩子(自序)。

作者用一章的篇幅，详细介绍了学龄前的养育过程。如在孩子出生前，作者做足了育儿功课，认识到"0—6岁是孩子大脑迅速发育的时期"，她遵循早教规律，从多感觉开始，坚持让孩子多看、多听。书中写道："无论我做什么，都要慢慢地跟他说，把他当作一个能听懂话的人，向他解释我所做的一切：'来咯，妈妈来抱你''宝宝喝水''我们出去玩儿吧''这是铃铛''好看的花儿'，尤其是当当熊渐渐长大，白天不需要长时间睡觉的时候，我会在他精神状态比较好的时候，带他去安静的地方，轻声念儿歌念古诗给他听"。当当熊九个月大时，能说几个单字，如妈、爸、走、跳等；十一个月大时就能接诗词的最后一个字。

上述做法，都是早期家庭在养育孩子过程中，开发智力、培养阅读习惯或文字敏感的重要方法，都是让孩子对读书、识字感兴趣、并爱上文字、阅读的基础，也符合孩子大脑发育特点及进行早期家庭教育的规律。

在当当熊两岁半到六岁期间，作者每天花一小时时间(作者特别注明从未间断过)，设计丰富的、孩子喜欢的游戏，吸引他在游戏中学习数字、算术、语言表达等内容。这些引导孩子爱上学习的做法，都是科学的家庭养育方法或早教方法，也是让孩子轻松喜欢上读书学习的捷径做法。

在当当熊迷恋游戏的几年中，爸爸妈妈之所以能抑制自己的焦虑，不强行阻止他，是因为他在游戏之余，仍能高效率完成学业，成绩没有下滑。初二他自觉删除所有游戏，断绝成瘾的网游，也是因为他在现实的学习生活中体会

---

① 闵小玲著：《你的孩子也能进北大——家庭教育的12个关键点》，华东师范大学出版社2014年版，第47页。

到，学习活动不仅能给他带来成就感、自豪感及身心愉悦，而且还能得到爸妈、老师及同学的认可、肯定等。他也认识到，只有在现实世界的学习中，才能实现自己的理想和追求。

假如当当熊因迷恋网游成绩急剧下滑，或者本身在读书学习中非常吃力，很难体会到学习的喜悦、成就感和自豪感，他自己能自觉戒除网瘾吗？从很多学习困难的孩子那里已经得到答案。家庭教育本身是一个系统工程，家长采用什么方法，自有自己的底线和原则。

尹建莉在《好妈妈胜过好老师》一书中，详细介绍了如何让她女儿在学龄前爱上阅读。她没有专门或刻意教孩子认字，但她用手指点着字，给孩子读了大量故事书，孩子在学龄前就认识了大量的字，并养成了喜欢阅读的习惯。从上小学二年级开始，她就引导孩子独立阅读长篇小说，从此一发不可收拾。伴随大量阅读，她女儿上学之后就一路开挂。尹建莉老师在书中还用大量案例和理论阐述了阅读对孩子学习成绩、潜能以及成长的重要影响。

现实生活中大量成功的育儿实践都证明，通过讲故事让学龄前孩子认字，或在讲故事之余，穿插识字、数字游戏等，让孩子喜欢上阅读、理解数字，实现独立阅读，是完全可以实现的。让孩子在玩耍中阅读、识字、数数，在阅读、识字、数数中玩耍。在听故事或识字游戏中，享受成长的快乐。实践证明，学龄前实现独立阅读的孩子，上学后很快会成为"别人家的孩子"。

让学龄前孩子在敏感期喜欢上看书、认字及数字等，不仅有利于孩子上学后喜欢学习、学习顺利，而且会让孩子养成终生喜欢读书、不断学习的习惯，为孩子健康成长打下牢固基础。

现代社会，不论在哪个国家，6—18岁（甚至更长时间里）孩子成长最重要的活动就是在学校学习，这也是孩子成长成本最低的活动。如果孩子在这10多年每天面对的是自己不喜欢的上学学习活动，将会严重影响其成长和成才。反之，如果喜欢读书学习，不仅可从中获得幸福感和成就感，还可抵御青春期躁动带来的成长风险。

可见，在学龄前家庭养育活动中，融入读书（念诗词、唱儿歌、讲故事等）、认字和数字，可为孩子健康成长铺就一条通往健康成长的"高速之路"。

二、婴幼儿天生具有文字感知力

（一）大脑天生具备文字识别功能

蒙台梭利发现，认字、读书非常符合学龄前孩子心智发展的"天性"，有没有科学依据呢？在现代脑科学发展的过程中，科学家找到了可靠的依据。

众所周知，婴儿天生具有人脸识别能力，他们能很快识别妈妈的脸，看到妈妈就开心、兴奋。最新研究发现，婴儿进行文字识别和人脸识别的脑区是重合的。2015 年研究人员发现，人们阅读时，识别文字的脑区与识别人脸和物体的脑区是同一个脑区①。《自然·科学报告》(2020 年第 10 期)杂志上的一篇研究报告认为"视觉对文字具有天生的知觉能力"②。

对不满 1 周(7 天)的 40 名新生儿与 40 位成人的大脑扫描结果比较分析发现，出生时，大脑中"视觉词形区"(Visual Word Form Area, VWFA)紧挨着面部处理的视觉皮层(识别面部的区域)。也就是说识别文字与识别面部启动或使用的大脑区域是视觉皮层中的"紧邻"，都属于视觉皮层的一部分，属于同一个脑区。而"视觉词形区""天生就是专门为识字、阅读设计的，它是培养视觉词汇(或文字)敏感性的沃土。"

与"视觉词形区"(VWFA)紧邻的是"识别面部视觉皮层"。婴儿出生后就在不断识别人脸，三四个月就能区分出妈妈、奶奶、姥姥及保姆等看护人。大约七八个月时，就会根据喜好，对家人进行排序，如最喜欢妈妈，能明确区分出陌生人的脸等。婴儿之所以能很快识别不同的人脸，是因为婴儿大脑天生具有人脸识别功能，这也是原始人时期保护生命的重要功能，如婴幼儿会对陌生面孔发出哭喊等求救信号，现在则表现为婴儿认生。

这一研究成果从另一角度进一步证明了 2015 年的研究结论："大脑在阅读时'循环利用'最初用于另一种功能的区域，即人脸和物体识别区。"③这里的"循环利用"是指婴儿出生伊始，该脑区只用来识别人脸和物体，开始接触文字学习时，该脑区就会继续负责文字识别。也就是说，人脑天生就具备识别文字的功能，就像天生就具备识别人脸和物体的功能一样。

为什么婴幼儿出生之后，并没有像轻松识别人脸或物体那样，轻松识别文字？是因为婴幼儿出生之后，没有机会接触到文字，他们只是频繁地接触到人

---

① ［法］塞利娜·阿尔瓦雷斯著：《儿童自然法则》，生活书店出版有限公司 2022 年版，第 193-194 页。

② Jin Li, David E. Osher, Heather A. Hansen, Zeynep M. Saygin. Innate Connectivity Patterns Drive the Development of the Visual Word form Area. Scientific Reports, 2020, 10 (1) DOI：10. 1038/s41598—020—75015—7.

③ ［法］塞利娜·阿尔瓦雷斯著：《儿童自然法则》，蔡宏宁译，生活书店出版有限公司 2022 年版，第 193-194 页。

脸和物体而已。

换句话讲，识别人脸、物体和文字可以同步进行，只是过去人们不了解如何用科学、有效的方法让婴幼儿识字。19 世纪的卡尔·威特、20 世纪的蒙台梭利和冯德权、21 世纪的塞利娜·阿尔瓦雷斯(《儿童自然法则》一书的作者，在热讷维耶试点班成功让学龄前孩子实现轻松认字和阅读)等诸多研究和实践都证明，不论是家庭还是幼儿园，都可以教学龄前孩子识字，让他们在学龄前轻松实现脱盲或独立阅读。

实践证明，学龄前实现脱盲的孩子，他们的"这一阅读能力都是在快乐、高效和轻松的氛围中养成的"。① 如果孩子没有感受到快乐、轻松，他们是不会学到任何东西的。

此外，研究还发现，婴儿天生具备识别字形和发音的脑功能。婴儿出生时，他大脑中的视觉词形区(VWFA)与大脑的语言网络相连，而且"VWFA(视觉词形区)在功能上与大脑的语言网络的连接比与其他区域的连接都更加紧密。也就是说，婴儿出生时不仅具备识别字词、字母的形状，而且具备将这些形状与发声联系起来的功能，就像具备识别人脸上的眼睛、鼻子、耳朵等形状和发音一样，婴幼儿也具备识别文字(图形)并与发音一一对应起来的能力。

(二)识字功能不等于识字能力

研究者也指出，"研究结果表明，'视觉词形区'(VWFA)可能需要在婴儿的成熟过程中进一步完善"。即婴儿出生就具备人脸识别功能，并不意味着婴儿一出生就能认人，具有识别人脸的能力。而是需要让婴儿经常看到人脸，在不断辨别人脸的情况下，大脑联结才能逐渐完善起来，婴儿才能逐渐学会辨别妈妈的脸和其他人的脸，具备辨别人脸的能力。同理，具备"视觉词形区"(VWFA)的功能意味着婴儿出生时可以接受字词的形状和发声，但是婴儿真正能辨别并认识字词，则需要婴儿在成长过程中，不断接收到字形和发声的信息，即能让这部分大脑神经联结更巩固、更稳定，让这部分功能逐渐完善起来，才能逐渐具备识字能力。

这也解释了如果在学龄前经常接触文字，让孩子对文字形成敏感，在成长过程中，孩子就会一直喜欢文字和阅读的现象，因为这时候建立的阅读喜好是塑造大脑的结果。通俗地讲，孩子的大脑被塑造成喜欢文字的读书脑。

---

① ［法］塞利娜·阿尔瓦雷斯著：《儿童自然法则》，蔡宏宁译，生活书店出版有限公司 2022 年版，第 13 页。

该研究的更大意义在于：为学龄前识字提供了科学依据，为早期家庭教育实践提供了坚实的理论支持。

（三）上学后认字困难为哪般？

既然识别人脸与识字属于同一脑区的功能，为什么小婴儿就能轻松识别人脸（认人），但很多小学生却仍然认字困难，有些人还存在阅读障碍？

这是因为新生儿从出生开始，就会不断看到各种人脸，无意中就对识别人脸的能力进行不断训练或强化。但是婴儿出生后一直到上学前，很少会看到文字（用心的家长除外），根据大脑功能"用进废退"原则，孩子识别文字的脑功能不仅没有发展，反而会退化。只有让婴幼儿像经常看到人脸那样频繁接触文字，他们才会像识别人脸一样，轻松识别文字、喜欢认字。在 0—3 岁大脑可塑性极强的阶段，经常让孩子看到文字，会让他大脑中传输文字信息的脑神经联结逐渐稳定、巩固，传输文字信息更快，效率更高，这样，其外在表现就是孩子更喜欢文字类信息。这也是为什么经常听故事的孩子，在 2 岁左右就会追着家长讲故事，三四岁就经常问不认识的字，上学后一路开挂的原因。而那些学龄前没有看着书、听过大量故事的孩子，上学后就会非常排斥识字、读书，甚至排斥上学。因为识别文字的大脑神经联结建立得不稳定或者正在建立，大脑传输文字信息就比较慢、效率低。外在表现就是学习费劲，困难重重，还没有成就感，孩子就不爱学习。

三、学龄前认字的几个阶段

根据"0 岁方案"及多年的教学实践发现，0—6 岁孩子识字一般分为以下几个阶段：

第一阶段：生活接触。从出生到八九个月，可以为孩子创造能够见到文字的环境。例如，婴儿经常看到家长翻看书籍。家长在看自己的专业书籍或给孩子念儿歌、诗词、讲故事时，最好拿着纸质书。可以和半岁之后的宝宝一起看书，因为这时宝宝的眼睛发育比较成熟，能够正常聚焦。也可以给宝宝经常指读广告招牌、车牌、对联等，让孩子形成文字敏感。

第二阶段：认字启蒙。可以通过写识字卡，让宝宝把文字、实物以及发音对应起来。宝宝在八九个月能用目光搜寻所认识物品的时，就可以尝试将字卡贴在相应物体上面。如给每个卧室门贴上写有"妈妈的卧室""奶奶的卧室"等，给其他房门贴上"厨房""卫生间"等。也可以在读书过程中，指着字读，让宝宝理解文字与发音之间的关系，具体方法会在后面专门介绍。

第三阶段：开始认字。原则上说话与认字可以同步，从开始说话到三四岁，是孩子语言快速增长期。孩子会说什么、熟悉什么、喜欢什么，就可以给他写什么字卡，认字与说话同步发展。基于孩子在两三岁前具有"一心多用"的特点，在这个阶段，主要让孩子建立认字敏感就可以了。更重要的还是让孩子多运动、多与同伴玩耍。在阅读之余，每天认字累计时间不超过 10 分钟。

第四阶段：游戏识字。对 2—6 岁的孩子，主要采用玩游戏的方法认字，这个方法可以让孩子快速喜欢上认字。如果方法得当，玩两三次认字游戏，孩子就会着迷。学龄前，任何时候开始认字都不晚。让孩子在玩耍中认字，在认字中玩耍。只要家长坚持，孩子在学龄前都能轻松实现独立阅读，并养成阅读习惯。但是这里需要特别强调的一点是，学龄前孩子认字的方法很特殊，错误的方法很容易拔苗助长，导致孩子厌学。（具体方法后面专门介绍）

再次强调的一点是，认字是辅助孩子爱上阅读的方法，其目的不是让孩子认识多少字，而是要让孩子爱上阅读。在孩子能够独立阅读之前，家长仍然要坚持每天给孩子讲故事（讲故事也能让孩子认识字）。当然孩子会阅读之后，亲子阅读也是非常重要的。

四、"反对学龄前认字"是错误认识

有些学者（政府的很多政策文件也需要学者的理论支持）认为让 2—6 岁的孩子认字违背成长规律，是将学习负担提前压在孩子身上，所以不允许幼儿园教孩子们认字。

之所以会有这样的认识，主要原因有以下两点：

一是没有认真了解敏感期在实践中的作用。学龄前孩子具有文字、语言的敏感期。如果利用敏感期的特殊作用，让孩子尽早形成对文字和阅读的敏感，他们就会从认字和阅读中感受到快乐。就像从小没有形成辣椒敏感的人，吃辣椒就是非常痛苦的事情，而已经形成辣椒敏感的人，则会无辣不欢。就像不吃辣椒的人很难体会到吃辣椒的幸福和快乐一样，没有形成阅读敏感的人，很难理解阅读带来的快乐，反而会认为阅读是件痛苦的事情。0—3 岁是让孩子轻松形成文字敏感的重要阶段，这也是为什么强调家庭早期教育刻不容缓的重要原因之一。

二是教婴幼儿阅读或认字需要科学的方法。在不同阶段要用不同的方法，循序渐进，让孩子们在欢声笑语中快乐地认字，并喜欢上阅读。

所以，学龄前认字是完全可行的，关键是方法一定要得当。还有一点需要提醒的是，在教学龄前孩子认字的过程中，家长千万不能有功利心，不能强迫或逼迫孩子完成任务目标。对于学龄前孩子，任何不是发自内心喜欢的活动，都是没有效果的。

第二节 "看图识字"不适合婴幼儿

看到这个题目，很多家长都会觉得这个说法与大家的常识相反，大家都会给婴幼儿购买"早教认知卡"或"看图识字"卡片或书籍。在人们的理念里，似乎孩子越小，越适合看"看图识字"或"看图识物"类书籍。但是要提醒家长的是，对于两三岁前婴幼儿的教育，这类卡片或书籍要谨慎，但是绘本故事书则多多益善。

一、婴幼儿认识外在世界的特点

0—2岁的宝宝是通过感觉或动作、运动认识物品的。宝宝需要通过眼耳鼻舌身，全方位地感觉、体验，来认识物品。如看见某物之后，抓起来摇一摇，放进嘴里啃一啃、尝一尝、翻来覆去地看一看，抢起胳膊在自己身上或附近敲一敲等，用多个感觉器官来体验这个物品，最终接受或认识这个物品。在一岁半之前，孩子都是先行动，再思考，是典型的"无知者无畏"者。正因为如此，所以，皮亚杰认为2岁之前属于感觉运动智力阶段，也就是通过反复感觉、动作、运动认识世界，发展智力。

二、"看图识物"会干扰宝宝认知发展

在"看图识字"的书籍中，常常分为人物、物品、动物等。以认识人物为例，书中经常会有爷爷奶奶等图片，"爷爷奶奶"一般都是白头发、满脸皱纹、穿着老套。如果一个小宝贝从小由爷爷奶奶看护，到半岁左右就能将爷爷奶奶本人和称呼对应起来。在宝宝的脑海里，爷爷奶奶就是身边这个照顾他、关心他、抱他、会说会笑、活生生的人。如果半岁之后，家长给孩子指着书上的图片说：这是爷爷，这是奶奶。孩子就会很迷惑，为什么要称呼这个奇怪的图片为爷爷奶奶？他的爷爷奶奶就在身边啊，这就会扰乱孩子刚刚建立起来的爷爷奶奶概念。因为孩子是从日复一日的感受中逐渐将爷爷奶奶本人与"爷爷奶奶"称呼联系起来的，突然又出现图片的"爷爷奶奶"，就让孩子无法接受。

以孩子建立"爷爷"这个概念为例。从一开始，婴儿认为"爷爷"这一称呼就是专指自家爷爷。随着孩子成长，外出机会增加，在外面会接触到更多的爷爷，他逐渐知道还有张爷爷、李爷爷、王爷爷等，孩子才逐渐区分出自家爷爷和外面礼貌用语的"爷爷"之间的区别。再长大一些，孩子才会抽象出"爷爷"都是年长男性的形象。也就是说，建立起"爷爷"概念是从认识单个个体，然后逐渐扩大，认识更多的同类个体（张爷爷、李爷爷等）之后，最后建立起一个抽象的"爷爷"概念。

图片中的"爷爷"实际上是抽象出来的形象画，这是思维的高级阶段。孩子看到这个图片形象与生活中的任何一个爷爷都不一样，就会很迷惑、混乱，反而干扰了孩子正常认识人、事、物的发展。

另外，现在孩子们头脑里建立的"爷爷奶奶"概念已经发生了很大变化。现在的爷爷奶奶未必是白头发，满脸皱纹，穿着老套的样子。看图说话中的"爷爷奶奶"图像完全与生活中的爷爷奶奶不同，这就更加让孩子困扰，增加孩子认识上的混乱性。

我曾经亲身经历过一件有趣的事情。有一次我和朋友坐地铁外出，朋友不到 60 岁，平日很注重保养，身材苗条，皮肤白皙，脸上基本没有皱纹，头发染成深褐色，穿着精干、时尚。当时戴着大口罩和近视眼镜。她闭目养神，我看着手机。突然传来一个小女孩甜甜的声音："奶奶睡着了。"我和朋友听到之后，不约而同地顺着声音向对面座位望去，只见对面一个 3 岁左右的小女孩，坐在妈妈怀里，正笑眯眯地看着我们。见我俩看她，她不好意思地把头钻进妈妈怀里。我俩对视一下，不禁笑出了眼泪。事后调侃自己说："年龄是装不出来的。"这个故事说明：在孩子的眼里，奶奶并不一定是白头发、满脸皱纹、穿着过时、死板的样子。这位时尚、干练、年近花甲的朋友，即使染发、戴着大口罩，也遮盖不住岁月留下的痕迹，也会被孩子准确地认定为是"奶奶"。如果家长给孩子教"看图识字"书上的"奶奶"图像，就会让孩子越发感到迷惑、混乱和不解。

三、孩子从实物开始认识世界

有位家长这样描述她家宝宝认识"猫"的过程。

【案例】：

孩子满月我就开始给宝宝讲绘本，其中有好几本书都是有关猫咪的故事。周岁前，我经常给她讲完一本猫咪的绘本，紧接着换另一本继续讲，书上都是猫咪，但是换一本书，她好像就不认识猫咪了。一岁左右，带她回姥姥家，见到了真猫。忽然有一天她主动指着绘本上的猫说："猫猫"。猫是宝宝能把现实实物与书本中形象对应起来的第一个动物。

这个故事说明，家长想通过逼真的图片让孩子认识某个实物是比较困难的，或者说是不现实的。家长可以留心注意一下，当给周岁左右的宝宝指认书籍上的"爸爸妈妈""爷爷奶奶"图片时，孩子一定会抬头看一眼自己的"爸爸妈妈"或"爷爷奶奶"。这不是孩子走神，是孩子在与自己认定的实物对应起来，或者可以说孩子是在"纠正"大人的"错误"。

有一个实例可以有力地证明这种"纠正"。有位家长用视频给我详细展示了她家孙女的"好玩举动"。这位宝宝 1 岁左右已经认识家里的很多物品，包括钟表，但她还不会独立走路。给宝宝讲"看图识字"书时，家长只要指着书上的"钟表"图案，说"这是钟表"，宝宝就会拉着家长的手(因为她不会独自走路)，去指一下客厅的钟表。这种行为持续了很长一段时间。家长觉得很好玩，也很奇怪，就拍视频给我看。家长还给我说，有时候，他们为了逗宝宝，故意把书放到卧室床边，反复指着书上的钟表说："这是钟表"。她就会反复拉着家长去客厅指一下钟表，嘴里还不停地"嗯嗯"。孩子指完之后，再回到卧室。孩子就是这样执着地"纠正"家长的"错误"，因为家长从一开始就是指着客厅的钟表，教宝宝认识"钟表"的，因此，在宝宝的脑海里，"钟表"是挂在客厅、指针会动的那个物品。这时给宝宝看"看图识物"类书或卡，不仅不能帮助孩子认识物品，反而会人为给孩子制造认识上的障碍和混乱。

也有家长说：我家宝宝既认识真实的钟表，也认识书上的钟表。这只能说，可怜的宝宝没有力量纠正家长，最后不得已接受了家长强迫他接受图片上的这个"图像"也叫"钟表"，他实际上建立了"书上的钟表"这个新概念。这样宝宝就建立了两个概念，一个是"钟表"，一个是"书上的钟表"。孩子认为，虽然两个发音是一样的，但是不是同一个东西。至于为什么，孩子也不明白，也没人告诉他。

有些家长会说：我家宝宝在两三岁时认识很多"看图识物"或"看图识字"上的物品。这只是孩子能够分辨出这些图片的名称而已，与实物无关。

而认字则与识图不同，认字既不会让孩子造成认知混乱，还能为爱上读书打基础。

四、识字不会造成混乱

文字与名称是一一对应的，当然在汉字中有多音字，但是学龄前孩子认识的字中占比比较少，即使遇到，孩子也能顺利接受。

与拼音文字相比，汉字字形本身更像简笔画。而婴儿本身更喜欢复杂一点的规则图形①，而汉字就像复杂的规则图形，因此，婴幼儿认识汉字没有障碍。实践证明，学习认字的婴幼儿都表现出对汉字的痴迷（当然方法要正确）。实践证明，认识汉字与孩子是否认识实物有很大关系，但与是否会说话关系不大。当然，会说话之后，孩子认字的速度会大幅提高。

在很多拼音文字中，单词可以根据字母发音进行拼读。对于刚开始认字的孩子来讲，先学会说话，再去认识单词会有利于他们认字。因为他们掌握拼读单词的规律之后，看着单词就能拼读出来。自己读出来之后，根据发音他们自己就能知道这个单词的含义。因此，会说话，有助于他们根据拼读之后的发音认识单词。正因为如此，所以蒙台梭利能高效率地教儿童之家的三四岁孩子认字。

更像简笔画的汉字，则更有利于孩子早期认识。通常情况下，孩子认识物体，只是知道这个物体的名称，即实物与名称发音的对应关系。名称是实物的发音代号或符号。如果从出生就经常给孩子指认物体，1周岁前，孩子就能认识周围很多的物品或人，八九个月时，他们一般还不会用手指，但是他们就已经学会用眼睛找出自己认识的物体。例如问孩子："灯"在哪里？虽然他不会用手指"灯"，但是他会用眼睛看"灯"，这就说明孩子已经认识了"灯"。孩子如果做到这一点，也说明他已经具有3点实质性进步：一是婴儿已经具有较强的记忆力，已经记住成人曾经给他说过的人、事、物的名称。例如，记住了"灯"。二是已经能够理解某个名称发音（即声音符号）指代某个实物。如，知道"灯"这个发音代表着实物灯。三是知道某个物体或人看不见时，也是存在的（客体永存性）。所以，当他听到某个名称，即使当下看不见该物品，他也会倾着身子，带着大人去找，例如孩子会去找灯。基于上述三点进步，孩子就能理解文字（图形）符号与实物的对应或指代关系，并且能够像记住名称发音与实物的对应关系那样，记住文字发音、形状与实物的对应关系。

因此，在确认孩子认识物体之后，就可以给孩子指认该实物的文字，让孩

① 边玉芳等编著：《儿童心理学》，浙江教育出版社2009年版，第71页。

子将实物、发音和字形联系起来，认识实物的两种指代符号，即发音和字形。

实物与名称发音及字形（符号）是相对固定的对应关系。例如，以文字"爷爷"为例，不论哪本书上的"爷爷"字形都是一样的。学龄前认识的"爷爷"字形与上高中、大学之后看到的"爷爷"文字是一样的，他们的发音和字形都不会变化。

因此，与实物的图形相比，实物名称的文字与发音是相对固定的对应关系，不会给孩子造成认知上的混乱。

这就涉及怎么给学龄前孩子教认字。实践证明，大家普遍认为的"看图识字"法是不利于孩子认字的做法，后面会具体介绍如何教学龄前孩子认字。

第三节　学龄前孩子的"两个一"认字法

很多家长觉得教学龄前孩子认字特别难，孩子根本不喜欢。但是我们的家长学员在用"两个一"认字法之后，发现孩子们都会喜欢上认字，经常主动催促家长给他们写字、认字，这些孩子在学龄前都能顺利脱盲，实现独立阅读。

这里介绍两种学龄前孩子认字的主要途径。

一、学龄前认字的两个途径

学龄前孩子认字，分为两种路径：一是在亲子阅读中认字。二是在每日亲子阅读之余，同时进行专门认字。

在亲子阅读中识字——指字读书认字法

半岁之后，就可以逐渐让宝宝多看书。家长在给孩子讲故事、念诗词、儿歌时，家长点着字读（注意，是家长用手指点着字讲，而不是让孩子点着字看书），让孩子一边看着书，一边听家长读。在 2 岁之前，主要是家长随着宝宝蹦、跳的节奏，给宝宝念诗词儿歌。2 岁之前，不追求让宝宝看多长时间书，认识多少字，只要宝宝对认字形成敏感，喜欢看书、认字就行。

这种指着字读书可以让孩子在听故事过程中认识大量的字，也让孩子知道每个音对应一个字以及读书是从左到右的顺序。这种认字方法有一个前提条件，就是家长要有充足的时间，也要有足够的耐心和精力，需要每天都坚持与孩子一起进行大量的亲子阅读。

如果家长时间充裕，有精力和耐心，能保障每天给孩子讲故事、读诗词儿歌等，就不需要专门去教认字，孩子会在亲子阅读时无意中认识大量的字，因为阅读是最好的识字方法。

值得注意的一点是，在给孩子讲故事的过程，除了点着字读之外，也切忌将书面语言转化为口头语言。给孩子讲故事的目的就是让孩子学习丰富的词汇、精炼的语句、严谨的表达方式，学习和习惯书面语言。口语化讲故事，是将精美的语言通俗化。

当然，在阅读的过程中，与专门认字结合起来，会起到事半功倍的作用，会让孩子更早脱盲，爱上读书，实现独立阅读。

另一种是学龄前孩子认字的特殊方法，被称为"两个一"认字法，下面专门介绍。

二、玩游戏中的"两个一"认字法

孩子在 6 岁前，如果家长不能保障每天的亲子共读时间，要让孩子养成阅读习惯，最有效方法就是在游戏中教孩子识字。

认字游戏本质上是家长用认字卡作为与孩子进行互动或游戏的媒介，最简单的诀窍就是"投其所好"，满足孩子的心理需要。游戏时，只要在一两秒钟内完成"两个一"，即"看一眼、听（读）一次"，孩子就会在喜欢的游戏中，轻松学会认字，并喜欢上认字。

（一）"两个一"认字法

之所以探索出"两个一"认字法，主要是因为学龄前儿童集中注意力的时间非常短暂。根据这个特点，教孩子认字时，就要利用瞬间注意力，快速完成认字内容。

用"两个一"认字法教孩子认字，只要孩子做到"看一眼，听一次或者读一次"就完成一次认字过程，简称"两个一"认字法。这"两个一"最多用一两秒就能完成。这里的"看一眼""听一次"是指孩子只需要看一眼字卡上的字，同时听家长读一次，不需要孩子念出来，就完成一次认字（或复习）过程。切记，孩子在认识新字时，只需看一眼，由家长念一次，孩子把字和发音对应起来就行了。

在复习时，只要孩子能看一眼字词，不论是家长念一次，还是孩子"读一次"，都算完成了一次复习。当然孩子"读一次"不是被逼迫的，而是主动读出来的。在复习的时候，如果创造的情景适合，孩子会主动读出来的。这一点在家长的育儿经验中都有体现（详细内容见家长的育儿经章节）。

"两个一"认字法是经过反复验证、行之有效的方法。千万不能让学龄前孩子像小学生那样，对着一个字连续看、反复读。这种连续看、反复读实际上是引导孩子进行有意记忆的学习方式，这是超出孩子能力范围的做法，孩子会表现出非常排斥。

孩子们最早可以在八九月认识物品之后，就开始认字。例如八九月的宝宝如果认识了"灯"，家长就可以给宝宝写一张"灯"字卡，然后问宝宝，"灯在哪儿?"宝宝一定会看向灯的方向，这时候家长可以给宝宝说:"妈妈手里还有一盏灯"，这时候把字卡亮给宝宝看。宝宝就会很好奇地看一眼字卡，宝宝看字卡的同时，妈妈说一遍这是"灯"。这就完成了一次认字过程。

之后就把这个"灯"字贴在方便撕揭下来的地方，例如门或柜子上。之后就是找各种机会让宝宝去看一眼"灯"字。例如爸爸下班回到家，就让宝宝带着爸爸去看家里那盏贴在门上的"灯"。家长抱着宝宝的时候，时不时就给宝宝说:我们去看看那盏贴在门上的"灯"还在不在? 或者说:我们去看看那盏"灯"发光了没有? 总之找各种理由走过去让孩子看一眼"灯"字，这就是宝宝复习的过程。这个阶段，不论认新字还是复习旧字，宝宝都是"看一眼，听一次"，因为宝宝还不会说话。但是宝宝很快就会认识这个"灯"字。

待宝宝会说话之后，在复习的时候，孩子就会经常顺便把字读出来，这就是"看一眼，读一次"。这一点在家长的经验中有详细介绍。

在复习的时候，如果孩子读不出来，家长就要马上给孩子补读一次。这就又完成一次"看一眼，听一次"的学习过程。千万不要让孩子卡在那里，家长还不断"启发"孩子，或让孩子再想想，或给孩子进行提示等，这样会让孩子产生一种被考试、被逼迫的感觉，会给孩子造成较大的压力和挫败感。

和大孩子以及成人学习新东西一样，学龄前孩子认字也需要反复复习，除了专门用"两个一"的方法复习之外，亲子阅读也是复习的有效方法。

具体在游戏互动中，如何用"两个一"的方法，后面有详细的家长经验分享。

(二)认字游戏首先是"游戏"

根据学龄前孩子的特点，教他们认字时，最重要的一点是"家长有心，孩子无意"。例如很多家长都是从教孩子认喜欢的玩具名称开始的，在游戏中一边和孩子一起玩玩具，一边教孩子认字。

家长在设计游戏中，要注意让孩子多参与，同时围绕孩子的兴趣点进行设计，在任何时候，孩子都是游戏的主角，家长只是配角。认字融入游戏，让孩子在玩耍中，不知不觉学会认字，获得成就感和自豪感，这样孩子才会喜欢。

换一个角度讲，设计认字游戏，实际上就是把认字卡作为游戏的道具或者媒介，这个思路在家长的经验中体现得比较明显，详细内容，可以参看"设计丰富的字卡游戏"。

给学龄前孩子认字，只教他们能理解的、熟悉的、喜欢的字词，这一点有专门介绍，不再展开。

三、教认字需要的条件

(一)亲密的亲子关系是认字的前提

学龄前的孩子的一个特点是最喜欢与父母或者主要照顾人在一起进行互动交流。因此教孩子认字，最好由孩子最依恋的主要照顾者来实施。因为和最喜欢的人在一起，孩子心情最愉快，玩起来精力最集中。家长要"投其所好"地精心设置包含学习内容的生活环境或玩耍游戏活动，"指导性参与"到孩子喜欢的游戏活动中，成为孩子的好玩伴；在有益陪伴中，让孩子爱上认字游戏。这个过程，家长等主要照顾者就是孩子的"良师益友"。

要让孩子喜欢，就需要从内容到形式都是孩子喜欢的或者是熟悉的，要做到这一点写卡片就是必要、有效和方便的手段。

(二)随时写认字卡

之所以提倡自己随时写字卡，不提倡用买来的字卡，是因为每一个孩子的生活环境不同，理解的、熟悉的或喜欢的内容大相径庭。家长可以根据孩子的特点，随时记录孩子理解的、喜欢的或者熟悉的内容。认字比较早的孩子，可以做到识物(人)和认字同步，说话和识字同步。即孩子认识什么实物，就给孩子写什么字卡，孩子会说什么字词，就给孩子写什么。

三四岁开始认字的孩子是不是起步太晚了？不晚。这个年龄是孩子语言快速发展的时期。如果根据孩子说什么写什么，就根本来不及，这就可以根据孩子的喜好进行认字。孩子喜欢什么，写什么，认什么。例如外出游玩，乘坐了交通工具，如可以写飞机、高铁、火车、轮船、出租车、小轿车等，去游乐场玩游戏，回来可以写孩子喜欢的项目名称，如碰碰车、左拐、右拐、方向盘等字卡。喜欢汽车的孩子，可以写车的类型，如小轿车、公共汽车、校车、大卡车、垃圾车、铲车等。也可以在社区教孩子认识各种车的品牌，如红旗、蔚来、吉利、奥迪、宝马等。具体如何在游戏中教，在后面的案例中，详细介绍。

（三）设置贴字卡的地方

把写好的卡片可以贴在孩子容易看到、以后方便揭下来的地方，例如门上或柜子上，方便孩子经常看到。等孩子都认识了，熟悉了就可以换掉一批。八九个月的孩子刚开始认字的时候，最好贴在实物上，也可以集中贴起来。例如有位家长问，孩子第一个认识的是客厅的顶灯，是要贴在开关上吗？其实贴在方便孩子看到的地方就行，例如门上、柜子上就可以。这些字卡可能会贴很长时间，方便经常让孩子看着复习。等孩子 3 岁以后，认字速度加快，也许只贴一两天就换掉一批。当然学习得快的时候，也可以不贴。不论是贴起来，还是不贴，都要每天进行多次复习，复习的方法后面会介绍。

（四）鼓励是孩子的加油站

在做认字游戏过程中，随时鼓励或夸赞的话语是孩子的加油站和动力源。家长的鼓励或夸赞是得到家长认可、关注或肯定的标志。因为每一个孩子都在时刻追寻着家长的关注、认可或肯定。因此任何时候的鼓励、夸赞都是孩子的动力。当然在鼓励或夸赞的时候，也有技巧，那就是夸具体行为、具体过程等，也可以夸孩子的态度或精神，如认真、努力、勤奋等。而不能夸天赋，如聪明等，也不要虚夸，如你真棒等。夸具体事实之后，再加上自己或他人的感受，如夸宝宝找到字卡又快又准确，妈妈都做不到，你的玩具朋友们都为你开心，想永远和你做好朋友之类的。这样孩子的积极性和主动性就会大大提高，甚至会要求家长多写几张字卡，学习的积极性和主动性都很高。

四、认字过程中的几个"切忌"

（一）切忌说：宝贝，咱们来认字吧！

对于学龄前的孩子，特别是两三岁的孩子，如何才能让孩子集中精力地看一眼，听家长读一次某个生词呢？这就需要家长营造游戏氛围，用游戏或玩耍的方法吸引孩子对认字活动感兴趣。如果用命令的口气，或者用贿赂的方法都是无效的。

例如家长说："咱们认字吧"，这种分配任务式的语气，无论家长的语气多么温柔、活泼，孩子都不会产生兴趣，因为任何一个人都不喜欢被分配任务。还有家长用孩子喜欢的食物或玩具来吸引孩子认字，如你认识这个字之后，给你吃一个樱桃或饼干，或让你玩一会手机等，家长发现，这种方法用过一两次以后，就不管用了。孩子都不会配合，家长就不能达到预期效果。

在认字的过程中，家长一定要做一个谦虚的学习者，而不是以教师的形象出现在孩子面前。

比如有些家长会给孩子说：你这么多玩具，妈妈都不认识，你能不能给妈妈教一下？这样的话，孩子就会很得意地来给妈妈教每个玩具的名称，这时候妈妈就可以说，妈妈一次记不住，我写在卡上。这样就顺势在孩子的眼皮下写下来。这就完成了"看一眼，听一次"的认新字过程。后面复习的时候，可以玩售卖玩具游戏，让孩子做标签，让孩子把字卡放到每一个玩具上，也可以让孩子帮妈妈把玩具一一配对等。在这个过程，孩子始终是家长的教师，但是在家长写字卡的时候，孩子会看一眼，当孩子把字卡放在玩具旁边，进行配对时，孩子又会集中地看一眼这些字卡。这就巧妙地用"看一眼，听一次或读一次"完成了复习。家长创造的这类学习或复习的方法很多，后面都会给大家详细介绍。

（二）切忌不断"考"孩子

这是家长最常见的问题。在所有的早教活动中，不论是认字、背诵、还是阅读，家长切不可急功近利，最好遵循但问耕耘，莫问收获的原则。在实践中，发现很多家长经常会很功利地检查一下孩子学习的成果如何，就会不自觉地问孩子："这个字怎么读？""这是什么呀？"等，这种被考试的感觉，会让孩子有一种被逼迫的感觉，没有丝毫成就感，反而在被考试的过程中，失去学习的兴趣。

在实践中，有很多方法都能在不知不觉中检测出孩子是否已经掌握，这个在家长的育儿经验中都有介绍。最终检测孩子是否已经认识字的重要方法是：看孩子是否经常主动拿起书，独自津津有味地阅读。如果孩子着迷看书，我们教孩子认字的目的就达到了。

（三）切忌使用孩子难以理解的看图识字书籍

这种书籍上的字，一方面是孩子不熟悉的或者是很难理解的字词，例如左、右，或者是与孩子生活脱节的字词，足、老、少。在生活中孩子熟悉脚，而不熟悉"足"；熟悉老爷爷老奶奶，而很难理解"老"；知道小朋友，但是不理解"少年"的"少"。另一方面孩子看图认字容易受到图像的干扰，很难集中精力看文字，所以倡导家长随时给孩子写字卡。

（四）切忌拆开词组

有些家长发现，孩子刚开始认字时，不认识词组里的单字，就有些担心，就给孩子把词组拆开，希望这样让孩子将每个单字记得更牢固。但是这种做法增加了认字的难度，降低孩子认字的兴趣，也阻碍了孩子爱上读书。因此，学龄前孩子认字最忌讳把词组拆开。也就是说，要让孩子认他理解的字词，千万不能把词组拆开，如果是单字有独立的意思，认识单字也可以，如"灯""狗""羊"灯，但是如果是词组，就坚决不能拆开让孩子认。

1. 认词组降低了难度

我们建议给孩子认字，一定是从孩子已经理解的字词入手。一张卡上的字词一般都是具有明确的、孩子已经理解的内容。因为认字一般包含辨别音、形、义三个部分，如果认识的字词是孩子已经知道或熟悉的内容（意群），孩子实际上已经掌握了音和义，现在只需要把"字形"与熟悉的"音和义"结合起来就行了，这就大大减少了认字的难度。

2. 拆开词组，破坏了词组的意群，增加了认字难度

句子中的各个成分可以按意思和结构划分出来，每一个成分就是一个意群。孩子听故事或自己看书，需要理解句子的意思，词组组成句子的意群。学龄前孩子是整体认读字词的，一个词组就是一个意群，是词形和词义、发音的整体组合，不可分开。例如有位家长教 2 岁 2 个月的宝贝认识"玩具"，他把这两个字拆开写，一张字卡只写一个字，结果"玩""具"单独出现的时候，它的含义就变化了，"玩"孩子还好理解，"具"孩子就无法理解了，这位家长就抱怨孩子不好好认字，岂不知是自己的方法出了问题。

再比如，有些孩子在听故事时，很喜欢故事中的某些词，如"突然""声东击西""大笑"等，这些词组就可以写在一张字卡上，让孩子认。如果写在一张卡上，作为一个完整的意群，孩子就会将整张卡上的词组作为一个整体一次性记住，下次在故事中遇到这个词组，他就整体理解了它的意思，顺利完成一个句子的阅读。

如果将词组的字分成单字，分别写在不同的字卡上让孩子认，如"声东击西"，孩子们在书里看到这个词组时，他就不能一下子抓住这个词组的整体含义，他只能一个字一个字地认，然后念出来，通过发音组合起来，他才知道，原来这四个字是家长讲故事时他喜欢的"声东击西"这个词。他就需要先辨认出这四个字，然后一个字一个字地读出来，再通过发音把这四个单字组合起来，才能理解词义。这就很浪费时间，大大降低了孩子阅读的兴趣。

如果把词组放在一起让孩子认，在阅读中这些词组就是一个组合，孩子一眼就可以辨认出一串字形及含义，就大大减少了孩子辨认的难度，提高了阅读速度。

有位家长通过自己的实践，也验证了这一点。

【案例】：

"原来我都是写单个字教孩子认，在陪着孩子读书时发现，他读的时候，会出现断断续续的情况；写成词组认，再回到书中，发现阅读明显顺畅了，阅读兴趣也明显提高了。"

蒙台梭利在研究儿童学习语言时，有一个形象的比喻：学习语言就像要获得一张图片。图片中是 1 个人还是 10 个人，用不同方法，复杂程度就不一样。如果用拍照的方法，不论图片上是 1 个人还是 10 个人，都只需感光一次就行了。如果用笔画或水彩手绘，图片中是 1 个人还是 10 个人，就不一样了。与画一个人的图片相比，画 10 个人的图片，就更烦琐，要一个人、一个人的画，就需要花更长时间。对于成人来说，学习语言就如同手绘画，画一幅人像需要很长时间，人越多，花费的时间就越长。而孩子学习语言就像拍照，拍 1 个人和拍 10 个人是一样的，只要一次曝光就可以了①。

这就是孩子整体认读的特点，孩子可以将一个词组整体映入脑海，进行一次性整体记忆。

有些家长担心，孩子只认识词组，换一个地方会不认识单字，这样孩子就没有真正认识字。关于这一点家长大可放心。当孩子在阅读中见得多了，熟悉了，就会认识每个字。

一位家长曾经给我讲她 5 岁孩子的小故事：他们一直在"罗亚萍家长小课堂"学习家教，孩子经常看到微信名称，就记住了这几个字。有一次孩子指着地图上的澳大利亚，说："妈妈，澳大利亚的'亚'就是'罗亚萍家长小课堂'的'亚'。"所以阅读和时间会让孩子把词组慢慢都分解开。

总之，教学龄前孩子认字，最重要的是教孩子已经理解的字词，同时要用孩子感兴趣的方法，利用孩子集中注意力时间特别短的特点，用"两个一"的方法，孩子认字将会事半功倍。

第四节　学龄前孩子喜欢认什么字？

学龄前孩子阅读的最大障碍就是不认识字，所以早教通常的做法就是给宝

---

① [意]蒙台梭利著：《有吸收力的心灵》，艾安妮译，中国华侨出版社 2015 年版，第 115 页。

宝多阅读，至于学龄前能不能独立阅读，家长也没有这个目标。但是理论和实践都证明所有的孩子都可以在学龄前认识字，并实现独立阅读。为孩子的发展打下牢固的发展地基。之所以有些家长认为学龄前孩子不喜欢认字，是因为家长没有掌握方法，在教孩子认字中，常常会出现一些不恰当的做法。

一、认字中常见的错误做法

很多家长在教学龄前孩子认字时，常常抱怨说：孩子一点都不喜欢认字，怎么哄着都不行，特别排斥认字。仔细了解之后，发现家长教孩子的字词都是孩子不熟悉或不喜欢的，教这些内容对孩子无任何益处，还会伤害孩子学习的积极性。在介绍具体教什么之前，先看一下家长常见的错误做法。

（一）"看图"干扰"识字"

家长在接触我们的认字方法之前，他们也曾经努力教孩子认字，结果孩子都很排斥，家长教得很辛苦。我让家长发他们教孩子认字的视频，我发现他们大多数用"看图识字"类书或卡教孩子认字。这些书有大大的字，每个字配着一个图。

【案例】：

有一位家长在视频中，让孩子认书上的金、木、水、火、土、日、月、沙、老、幼等。视频中爸爸用手指着书上的字，让3岁多的儿子认，这本书上的字是孩子学过的。当爸爸指着"金"，孩子说"金宝贝"（配图是一个金色的小卡通人），指"日"，孩子说："太阳"（配图是太阳），指"土"，说"土包"（配图是小土堆）。指"沙"孩子说："铲"（配图是小沙堆上插着一把小铲子）家长矫正说"沙"。指"男"说"哥哥"，指"老"说"老爷爷"等。

从孩子的回答看，家长虽然指着字，但是孩子并没有看字，他实际上看的是配图，配图干扰了孩子集中精力看字。

（二）不理解的字词不能认

在上述视频中，还有一个特点是，家长教孩子的字，都是孩子不熟悉、不理解的内容。例如，大家平时给孩子常说"太阳公公"在日常对话中会说"太阳出来了""太阳落山了"等，很少在口语中用"日"表示太阳。所以孩子熟悉和理解太阳，而不熟悉、不理解"日"是指"太阳"。这就增加了孩子理解字的难度。

所以我们建议教学龄前孩子认字，要教孩子理解的内容，因此最好写成字卡，真正做到因"孩"施教。

【案例】：

　　有位家长给我抱怨说，他们给孩子写字卡认字，但是他 2 岁多的儿子不喜欢认字，认字效果非常不好。我感到很奇怪，就让他们拍视频发给我。我看视频发现，他们给孩子写的字卡是"手""足""左""右""大""小""东""西""甲""乙""丙""丁"等。

　　这些字看起来笔画少，非常简单，但大部分字的含义都是 2 岁多孩子很难理解或根本不理解的。认识这些字，对孩子来讲难度太大。他需要同时学习两项陌生的内容，一是字本身的含义，二是字形。例如在认"左、右"两个字时，家长很少给孩子教如何辨认"左、右"。即使教孩子辨认左、右，也不是一天两天就能学会的。还有甲、乙、丙、丁，孩子就更难理解了。况且这个内容也不适合 2 岁孩子学习。因此家长给孩子教的这些文字完全与孩子的生活脱节，完全超越孩子现有的认识水平以及认知能力，这就像给幼儿园孩子教解方程或平面几何一样，孩子完全不能理解。

　　孩子学习的内容，只能是与他现有经验或知识储备临近的内容，而不能跨越这个区域。如果超过这个区域，就属于孩子(成人也一样)还没有准备好、还学不会的内容，这类内容就不能教。即使教了，孩子也学不会，还会打击孩子(或成人)的学习积极性和主动性，对孩子的成长有害无益。

　　(三)逼迫让孩子厌学

　　有些家长在教孩子认字时，就像对待成人一样，被安排认字内容，这是任务式地让孩子认字，实际上是在"逼"孩子认字，没有调动孩子的学习积极性或主动性。

　　例如，孩子正在玩玩具，家长拿着一张字卡，走到孩子身边，说：宝宝，看这是"西"字。孩子看一眼，不理。家长会说：你说一下，这是"西"。孩子继续不理，甚至跑走了。有耐心的家长，还拿来零食，继续追着孩子说：你说一次"西"，给你喝一口酸奶。开始孩子还读一下，孩子吃饱了，就不再理会家长的零食或玩具，家长为此很烦恼。

　　家长在视频中虽然没有说这是教认字的课堂，但是这种形式就像课堂上教小学生认字一样，逼着孩子看，逼着孩子念，而且是反复念。这就超出了学龄前孩子的发展水平，学龄前孩子还不具备有意识地、任务式学习或记忆的能力。

二、理解是孩子认字的前提

具体给孩子可以认什么字，可以分为以下几类：

（一）知道什么认什么

"知道什么认什么"，这是学龄前孩子认字最基本的原则。到八九个月的时候，孩子就能用目光寻找他认识的人、物体或动物等实物（客体），这时候能不能给孩子认字？答案是可以的。这时候就可以给孩子写他知道的事物的名称，让孩子建立起发音、文字和实物三者是一体的。在会说话之前，并不追求让孩子认识多少字，只是让孩子知道一个实体有名称的发音，还有文字，他们三者是一一对应的。

（二）会说什么认什么

一般1周岁的宝宝只能说少数几个词。研究表明："6到15个月大的婴儿的意义学习很快，他们理解的词相当于能说出的词的10倍。"①也就是说在这个年龄段，宝宝们能理解大量的词，只是他们还说不出来。但换句话讲，宝宝们能说出来的词，只是他们理解的一小部分。因此，宝宝能自主说出来的字词基本都是已经理解的。因此，认字可以和宝宝说话同步。

从1岁多开始，家长就可以试着教孩子认宝宝说出来的字词。即宝宝会说什么字词，就给他写什么，教他认什么。"在各种语言中，每个主要养育者的称呼（通常有爸爸妈妈）和兄弟姐妹（有时还包括每个宠物的名字）基本都是在12到18个月学会的"②。只要孩子会叫哪个称呼，家长就及时地给他写成卡片，教孩子认。从学着叫爸爸、妈妈开始，孩子逐渐学会叫爷爷奶奶、外公外婆，哥哥姐姐、弟弟妹妹等，通过认识这些称呼，孩子就积累了很多字。

为了让孩子多认字，家长要尽量将称呼细化。除了叔叔、阿姨之外，亲戚中的长辈如伯伯、叔叔、大妈、大婶、舅舅、妗子、姨妈、姨父等都可以教给孩子，写成字卡。现在的独生子女一般将堂、表兄弟姐妹都一律称呼为哥哥姐姐弟弟妹妹。家长可以将堂表区分开来，教孩子认。如亲戚聚会之后，就可以

---

① ［美］凯斯琳·史塔生·柏格尔（Kathleen Stassen Berger）著：《0—12岁儿童心理学（第六版）》，陈会昌译，中国轻工业出版社2016年版，第199页。

② ［美］凯斯琳·史塔生·柏格尔（Kathleen Stassen Berger）著：《0—12岁儿童心理学（第六版）》，陈会昌译，中国轻工业出版社2016年版，第200页。

告诉孩子，哪个哥哥弟弟是堂哥堂弟，哪个是表哥表弟，哪个是堂姐堂妹，哪个是表姐表妹等。这样孩子在走亲访友中，既知道了亲戚之间的关系，也认识了相应称呼的字词。

"当婴儿说出的词达到大约50个时（理解的词汇数量远多于此），婴儿会说的词汇开始以每个月50到100个的速度快速增长。21个月大的婴儿会说的词，相当于18个月时的2倍。"[1]从2岁左右起一直到6岁，孩子处于语言学习的"激增"期[2]。所以家长有心的话，根据孩子的兴趣，随时随地告诉孩子，他们所感兴趣的物体名称是什么，并注意写成字卡（如果在外不方便写字卡，可以先记在手机上，回家及时写成字卡），让孩子在认识外部世界的同时，也学习新字，巩固新学习到的内容。

（三）理解什么认什么

教孩子记住自己的家庭地址和家庭成员的联系方式，孩子记住之后，就可以写成认字卡。例如很多刚会走路的孩子，在社区玩完之后，就可以自己找到回家的路，在形状相似的各栋楼中，找到自己家的楼和单元。但是家长往往忽略教孩子如何说清楚家庭住址。孩子学说话的时候，家长就可以首先教孩子认识家庭住址、父母的姓名、电话等。因为这是孩子发生意外之后的一个自我保护方法。2022年元旦曾经以手绘地图找到家的男子，他在4岁半时被拐，但是他根本不知道父母叫什么，也说不清楚家庭地址等。但他能记得他家周围的环境，所以他就画地图寻亲。这件事启示我们家长，要从小教孩子记住家庭地址以及父母的联系方式。对于3岁左右的孩子，他们不仅记忆力很强，而且具有长久记忆的能力，这就是为什么孩子们会记得3岁之后的事情的原因。所以在认字的过程中，可以将这些信息写在卡上，教给孩子。

（四）喜欢什么认什么

待孩子2岁之后，孩子进入语言的爆发期，学习或说出来的词汇越来越多，家长写字卡的速度根本赶不上孩子说出来的词汇，这时就可以根据孩子喜欢的内容，进行分类认字。例如玩具的名称、人员称呼、生活用品、水果零食、动画人物、交通工具、车型、动物（包括恐龙）、花草植物等。

例如喜欢车的孩子会熟悉汽车的很多类型或品牌，孩子熟悉什么就写什

① ［美］凯斯琳·史塔生·柏格尔（Kathleen Stassen Berger）著：《0—12岁儿童心理学（第六版）》，陈会昌译，中国轻工业出版社2016年版，第200页。

② ［美］凯斯琳·史塔生·柏格尔（Kathleen Stassen Berger）著：《0—12岁儿童心理学（第六版）》，陈会昌译，中国轻工业出版社2016年版，第303页。

么、认什么。如可以写不同类型的车名，如小轿车、大轿车、公共汽车、吉普车、校车、垃圾车、警车、救护车等；也可以写汽车的品牌，如"奥迪车""别克车""奔驰车""红旗轿车"等，写这些车名时，需要注意的一点是，一定不能省去"车"字，要随时带上孩子喜欢的"车"字。如果孩子出行乘坐了某样交通工具，就先给他写上，例如火车有软卧、硬卧、坐票，高铁分商务座、一等座、二等座等，飞机、长途汽车等，孩子坐过、体验或参观过哪个交通工具，就给孩子写成字卡，让孩子认识。这是将孩子的经验用文字体现出来的过程，经验本身也是影响孩子认知发展的重要因素。

例如有位 3 岁左右的小宝贝特别喜欢动画片"超级飞侠"，家里也有超级飞侠的模型，家长就将一些卡通形象的名称写成字卡，如卡尔叔叔、米莉、迪克、朗朗、小柔等。在复习字时，也是以玩游戏的方式进行。家长和孩子把这些字卡摆在地上，然后让孩子把堆在旁边的模型"归位"，实际上是模型与字卡配对。家长只要开始说出一两个模型名称，孩子找到模型并放在字卡旁边，接下来孩子就会按顺序自己说出字卡名称，然后自己找出模型、放好。在找到模型之后，还会给家长介绍这个模型的特点或神奇之处等。如果孩子发现有一些卡通没有字卡，他就会请求妈妈给这些剩余的卡通再写一些字卡。这就是孩子喜欢的动力。

孩子之所以能记住这么多复杂的玩具名称的字词，是因为孩子对这些卡通模型在动画片中的形象已经烂熟于心，能如数家珍般地说出每一个卡通的技能、特点。认识这些名称，实际上只是在孩子熟悉的内容上仅增加了一项新内容——文字符号，这就属于孩子"最近发展区"的内容，孩子就会很容易接受和记住这些字。再说了，认这些卡通的名称，对孩子来讲就是和家长一起玩卡通玩具的过程，是最开心的玩耍过程。

(五)关注什么认什么

外出游玩都是孩子开阔眼界的机会，有些家长也非常用心，把外出一路的所见所闻都记在微信的文件传输助手里或者发给自己本人的微信里。在外开心玩耍时，就观察孩子对什么人、东西或者活动感兴趣，都一一记下来，回家专门写成字卡。有时候也会故意问孩子，有没有某个东西的字卡，孩子就会很开心地让家长记录。

　　例如有位家长说，一次我和孩子一起开碰碰车，我就问他："宝宝，碰碰车，我们写了吗？"他说："没有"。我就说："那我们要不要写呢？"他说："妈妈，我们现在就写。"我说："妈妈现在没有卡片，没有笔，等我们回家再写好不好？"他说："好"。我说："妈妈怕等下回家忘记了，那我先用手机录下来，等下我们回家一边播放一边写好吗？"他说："妈妈，你赶紧录，还有方向盘没有写，还有左拐、右拐，还有转弯都没写，我们回家一起写吧！"有时候他还会主动告诉我说：妈妈我们回家要写一个什么卡片。这不是我问的，是他主动要求的，他对写字卡、认字兴趣很浓。

　　这个过程实际上是将孩子的快乐时光通过关键字记录下来的过程，孩子对于愉快的时光是非常愿意记录和回忆的。

　　家长也可以自己注意观察，自己记录，回家再和孩子一起写字卡，在玩的时候，让孩子专注玩，不要打扰孩子。

　　（六）体会什么教什么

　　这一点主要是关于孩子的情绪体验和发展。关于情绪的辨别和应对也是需要学习的。很多孩子并不清楚自己的情绪是什么，也不知道情绪是可以和应该控制和学习的。我们要让孩子知道，每个人都有各种情绪，产生不同的情绪是正常的，但是要学会用恰当的方式对待和处理情绪。

　　当孩子出现负面情绪，例如发脾气时，可以在化解情绪之后，把孩子体验到的有关情绪告诉孩子。例如告诉孩子，你刚才很生气、愤怒、失望。并将"生气""愤怒"和"失望""发脾气"等词汇教给孩子。家长可以在孩子每次情绪体验之后，与孩子及时分享情绪词汇和处理的经验。让孩子逐渐学会辨别自己的情绪，识别他人的情绪，学习调节情绪以及情绪表达规则等，逐渐学会用恰当的方式来表达自己的情绪。当然，这个过程是比较困难的。①

　　这样做之后，"年幼儿童慢慢懂得人们期望他们怎样表达特定情绪，抑制或调节少量的不符合社会期望的情绪，懂得了他人表达的情绪的意义，懂得了作为接受者应该怎样对这些信号做出回应，所有这一切都是至关重要的。学会这些，对他们顺利度过儿童期、青少年期和整个一生都起着重要作用"。②

────────────────

　　① ［美］戴维·谢弗著：《社会性与人格发展》（第5版），陈会昌等译，人民邮电出版社2012年版，第109-131页。

　　② ［美］戴维·谢弗著：《社会性与人格发展》（第5版），陈会昌等译，人民邮电出版社2012年版，第131页。

总之，教孩子识字一定是教孩子理解的、熟悉的、喜欢的或者体验过的字词，千万不能教孩子不理解的字词。这样他们就会在玩耍或游戏中，轻松快乐地学会认字，学会独立阅读，为孩子的发展打下坚实基础。

第五节　家长的育儿经一——游戏认字法之一

孩子百天之后，我在"社区家长学校"接触到"罗亚萍0—6岁育儿课"，之后就一直跟着罗老师学习育儿知识。每次遇到问题就咨询罗老师，罗老师的解答都特别具体、实用，所以孩子一路成长都比较顺利。4岁前能自己独立读书，也很喜欢读书。现在5岁半，各方面都很自立，懂规矩、有礼貌，能体谅他人；在幼儿园的各项活动中，表现都很积极，和小朋友的关系很融洽，学习很自觉，基本不用家长操心，老师也经常夸奖他。我感觉孩子成长过程中，阅读和认字让孩子受益很大。我将孩子喜欢的几个认字方法分享给大家，供大家借鉴。

一、在歌词中认字

两三岁时，我家 Chch 宝贝喜欢边听歌曲，边跳舞。我就把他喜欢的歌词抄下来，指着歌词和他一起唱，如"黑猫警长""数鸭子""丢手绢"等。我点着字，和他一起唱，唱几遍，他很快就学会了。未来让他保持兴趣，我们就在家开演唱会。床或沙发是他的舞台，我和他爸席地而坐，当观众。我还兼职给他报幕，我说：chch 歌星演唱会现在开始，第一首歌"黑猫警长"。他边唱边扭，我们跟着他的节奏拍手，唱完一首我们就给他鼓掌、点赞、欢呼、亲亲抱抱等。他就这样边唱边跳边扭，一连唱了好几首歌曲，把歌词都记住了。孩子会唱歌之后，我们就拿着歌词，让他看着歌词，教我们唱。他再拿着歌词唱歌时，不但能学习新字，还能复习旧字。在唱歌中，他学会了很多新字。

二、在游戏中认字

(一)开餐厅游戏

我家有一套切水果蔬菜的玩具，我就和他玩开餐厅游戏。我当顾客，他当厨师，我点菜的时候，就写菜名，我边写边读，他就在旁边看着我写，他就学习了新字(这就是"看一眼，听一次"学新字的过程——罗老师注)。比如"西红柿炒鸡蛋""鱼香肉丝""烧茄子"等都是孩子爱吃的。然后他拿起菜单转一圈，再把每一张字卡当做一盘菜，两只手给我端上桌。上菜的时候，我就假装问他：这是什么菜呀？孩子就会看着字卡读一遍。(这就是"看一眼、读一次"的复习过程。这里需要提醒家长的是，写的菜谱名称一定是孩子熟悉的，起码是孩子不陌生的，如果像这位家长写孩子喜欢的菜谱，那就更好了。——罗老师注)。孩子说对了菜名，我就拿着筷子假装尝一口，说"你的鱼香肉丝真好吃!"(家长再说一次菜名很重要，因为这就让孩子再次"看一眼、听一次"这个词，就让孩子再次复习了一次。家长千万不要省略菜名，只说："你的这道菜真好吃"，这就减少了一次让孩子再听一次的机会。——罗老师注)我就假装还要点餐后的各种水果、酸奶、果汁等。不想让孩子喝的饮料就不写，以免提醒他。

有时也假装我们今天的客人比较多，如是全家聚会。就要给姥爷点一瓶"二锅头酒"，给姥姥点"酸奶"等之类的。除了炒菜，平时爱吃的各种面食也写，如"2个豆沙包""3个白菜大肉包"等。厨师做饭的过程也写，例如"开火""切菜""翻炒"等词。用完餐结账，就写"结账""刷卡""输入密码"。

孩子非常喜欢这个游戏，乐此不疲，一天要玩好几遍。(点评：这个游戏看起来是教孩子认字，实际上也让孩子学到了生活中的很多内容，包括去餐厅吃饭的流程，要先点菜，之后要耐心地等厨师做好，菜才能上桌，这个过程实际上是家长给孩子示范要耐心等待。还教会孩子数数，几个包子等。还教会孩子理解他人，点菜要点别人爱吃的、爱喝的，而不是点自己喜欢的，示范如何尊重他人等。虽然这个阶段孩子不太会从他人角度思考，但是练习多了，就慢慢学会换位思考了。——罗老师注)

(二)玩模型游戏

Chch特别喜欢动画片超级飞侠，家里有一套动画人物模型。我就给他说：妈妈想和你一起玩超级飞侠游戏，但是你的这些好朋友妈妈都不认识耶，你给妈妈介绍一下行不行？孩子喜欢好为人师，所以就很高兴给我介绍。我又说我记不住，要写下来，方便自己记住，这样就开始和孩子一起写字卡。字卡写好之后，又说自己还是分不清哪个模型谁是谁，让孩子帮忙把模型和字卡配对，我们叫归位。我就把字卡摆在地上，一般一次摆8—10张，分两排摆好。把卡通模型集中放在我的面前，最好离字卡一两步距离，这样让孩子每次都能活动一下。每次摆放的字卡不要太多，一是看孩子的兴趣，时间不要太长，如果孩子还有兴趣可以重新摆新字卡，继续玩。如果孩子没兴趣了，就不再玩了。另一方面方便孩子找到相应的字卡。

开始玩的时候，我按照顺序开始说第一张字卡的名称，问孩子：哪个是卡尔叔叔？找找卡尔叔叔，让卡尔叔叔归位。Chch 就把这个模型找出来，放到字卡上。（这里需要改进的是，让孩子把卡通模型放在字卡上方或下方，不要遮盖住字卡，这样方便孩子扫一眼字，增加一次"看一眼"的机会——罗老师注）。接下来，如果他认识字卡，就不用我继续说名称了，只要问：下一个是谁呢？他会看一眼字卡，直接说出字卡名称，然后自己去找模型玩具，放到对应的字卡上。每找到一个卡通模型，我就在旁边夸奖他说：你找得又快又准，还不时惊叹道：我都不认识，原来这个是谁谁谁。他的成就感、自豪感立马爆棚。不等我问下一个是谁呢？他就会看一眼字卡，然后提高音量，兴奋地高声读出字卡，接着直接去玩具堆里找出模型，放到字卡上，根本不用家长督促。我只需要在旁边装谦虚、不懂、不认识，夸他找得快又准之类。有时候，他还会举着刚找到的模型，给我讲一讲这个模型的特色、本领或超人之处。我在看自己录的视频时，发现我总是着急催促他，让他赶紧放好，催着他赶紧去归位，或者说这是最后一位，赶紧去归位等。我当时拍视频时，下意识地就会想着这是录像呢，你归位完了，就录完了，不要拖太长。其实录像后期可以剪辑，不要担心录得太长。这个时候，还是不要打断孩子，最好耐心地听他介绍，这个过程实际上也是孩子学习的过程，也许还能锻炼孩子的表达能力呢。（听孩子介绍是孩子学习描述、总结、概括的过程，也是锻炼孩子逻辑思维的过程，家长要鼓励孩子表达的积极性。——罗老师注）

当 Chch 把所有玩具模型都归位之后，我们会击掌庆贺，或者欢呼一下。我还不忘一边夸赞他找得又快又准之类。有一次，完成配对、归位之后，Chch 发现还有几个卡通模型没有字卡，就给我说：妈妈你再画一个圆圆……说着就蹲下来，用小手一一指着没有字卡的那几个模型，说：妈妈，画一个圆圆、乐迪和金刚。我开心地回答：好的，没问题。

Chch 特别喜欢这样的认字游戏，我就和他经常玩，在玩中就复习了这些字。（不仅复习了字，还让亲子关系更加亲密，这就是高质量的全身心地陪伴过程，给孩子一个幸福的童年。——罗老师注）

（三）当老师游戏

Chch 特别爱当老师，我就准备了一个小白板，把准备新学习的诗词抄上去，我们一起读。他读一两次就不想读了，老师也不想当了。我就说：老师让我们学生自己复习，那我就自己复习一会儿吧。我就自己多念几次，估计他记得差不多了，我就给他提问题，说我忘了诗词的下一句是啥，我读不下去了，老师能帮我看看不。他就又跑过来，我们就一起再读一次。他读几次就会背诵了。对于背会的诗词，他有时候会自己站在白板前面，用手指着诗词的每一个字，大声地读。虽然我知道诗词中的很多字他还不认识，但是，他这样点着字读，也能学会很多字。有一次我意外地发现他认识"瀑布"，我惊讶地问，你啥时候学会的？他小有得意地说："遥看瀑布挂前川"呀。

我父母在社区听过罗老师的课，所以他们比我更重视早教。我上班之后，他们对 chch 的早教也很上心，也很给力。在疫情期间，他们一方面耐心地给 chch 讲疫情的危害和怎么防护，例如为什么要戴口罩、不能出去玩等，他都能明白，在家也不闹。同时也写了很多字卡，例如，"武汉加油""中国加油""勤洗手""多通风""戴口罩"等，这些字他也都认识了。

三、陪着孩子一起读书

罗老师经常说，教孩子认字的目的是让孩子爱上阅读，能独立阅读。在教孩子认字的同时，每天一有时间我就陪孩子读书，让他养成读书的习惯。至于每天认多少字、读多少本书，没有强制规定。有时候他读的书我都觉得挺难、挺没意思的，但是他竟然很喜欢。我觉得可能有下面几个原因。

(一)把选择权交给孩子

有一次我们去逛书店，孩子挑了《好奇心大百科》中的一本"交通工具"(因为他平时就比较喜欢交通工具)。买回家后就天天拿着书，得空就追着问我："妈妈你喜欢陆上交通工具还是水上的？还是空中的？"我就随便选一个，他就翻开给我念。我看孩子这么喜欢这本书，就说：这个大百科还有很多本，你看你还喜欢哪一本？然后把这套书的其他书名给他念了一下。他听完说：咱们都买了吧。(从孩子的兴趣入手是捷径，保护孩子的兴趣最重要。——罗老师注)我就下单全部买了。书到了之后，他每天从幼儿园回来，吃完饭我们就一人挑一本，各看各的(家长的示范作用很赞！买书不仅仅是给孩子看的，家长喜欢看，孩子才会更喜欢。——罗老师注)。开始我看我的，他看他的，后来他就特别好奇我看的是什么，就凑过来要和我一起看，然后我俩就一起看了，每天都是如此。(家长的示范作用非常重要。想想这场景就很温馨，这种温馨的情景会让孩子觉得读书是体会到妈妈的爱的过程，实现了孩子追求爱、感受爱的目的。对孩子来讲，读书是副产品，是孩子体会到妈妈爱的工具而已，而有些孩子为了体会到家长的爱，会通过淘气、吵闹等，从而得到家长的关注和

陪伴。为这位妈妈的耐心陪伴点赞！——罗老师注)

每看完一本，我就感慨说：你选的这套书真好看，我和你一起学习，都学到了好多新知识，这些知识我以前都不知道耶。(及时夸或及时谢是强化孩子好行为的重要方法。每个人都需要及时得到反馈，特别是积极的反馈。只要方法得当，就可以巩固孩子的好行为。这位妈妈夸孩子选择了一套好书，并用自己也学到了新知识作为证据，夸赞和感谢孩子选择书的行为。既然妈妈说他选的这套书真好，又说她自己都学习到了好多新知识，孩子就会更喜欢看，这样就证明他自己选择的是好书、有意思的书，又能学到新知识，他的选择是对的，这又是一个良性的引导。为这位妈妈的智慧点赞！——罗老师注)

(二)和孩子多交流

每次和孩子读完一个故事或者一篇知识百科，我俩就讨论一会儿。比如热气球，孩子给我读完之后，我把书籍中科普用的书面语言转换成口语，讲给他听(因为科普书的语言很严谨、用很多专业词，有些我都不懂)。我就说：人们可以坐在热气球上面拍照，看远处的风景；我们去旅游的时候，也可以乘坐一下。热气球还可以用来进行航空体育比赛、探险、休闲、气象探测、旅游观光、空中广告等，能做很多事情。

它是怎么飞起来的呢？其实就是把大大的彩色气囊里的空气加热，热空气比冷空气要轻，轻的热空气要往上跑，它的力量很大，就拖着筐子飞起来了。就像你玩的氢气球，氢气比空气轻，所以氢气球就能飘起来。如果氢气球很大，就能把你吊起来。所以气囊是一个很大的像气球一样的东西，气囊越大，它向上飘的力量就越大，筐子里搭乘的人就越多，因为气囊里装了很多很多想往上跑的热空气。这就是我们看到的，飞在空中的、有大大的彩色气囊的热气球。

我们国家的很多旅游景点都有热气球，国外的旅游点也有，妈妈特别想去土耳其，听说那里有很多热气球，到时候我们一起去坐！快来帮我找找土耳其的国旗，看看他们国家的国旗是啥样子的？(这套书里有《国旗》专辑)这样我就让孩子又熟悉了国外的国旗。

(三)听孩子读书

家里还有一套"100层的房子"故事书，是孩子的最爱，自己当枕边书了，不让我拿到别的地方。每天他也会给我讲这本书里的故事。

孩子特别喜欢翻开这本书的一页，趴着看一会，就开始给我讲。有时候讲到一半想看看后面是啥结果，就说我不想讲这个了，我想讲后面的。我就说：

你想讲哪个就讲哪个，然后他就翻到后面看看结果，看一会，然后再翻回到前面继续讲。就我装作很好奇，问他刚才在后面看到这颗种子长成什么了？孩子说：是向日葵。我就说：一颗种子变成了一个大大的向日葵？这么神奇！让我看看。孩子说：不行。

就像大人看小说，孩子有时候忍不住先看看结果，再回头看过程一样。他看了结果满足了自己的好奇心，还要给我这个听故事的留下一点神秘感。（从这位妈妈的描述中能够感受到她陪着孩子看书的耐心与全身心的投入，孩子体会到的是妈妈对他的陪伴和爱，这就是孩子能安心、专注地读书、讲故事的动力所在。——罗老师注）

他不仅喜欢给我讲故事，还喜欢给我读他喜欢的科普书籍，如知识百科。

（这位妈妈给我录了一段孩子给她读知识百科的视频，内容是"装甲"片段，内容见上图。我听完的第一反应是："天呐！这么枯燥的内容！这个 4 岁 1 个月的孩子竟然能耐心地给妈妈读完"。当然中间有很多生字，如"铝""钛""碳纤维""陶瓷"等，这位妈妈都及时帮着读过去了，让孩子没有丝毫卡顿感。即使这样如果没有母爱的氛围，孩子对这么枯燥的内容是不会感兴趣的。但是这个孩子对这套书还是乐此不疲地喜欢，和妈妈一起看，给妈妈读。这再次让我看到了这位妈妈的耐心陪伴，让孩子感受到满满的爱意，满足了孩子对爱和归属感的追求，孩子才能安心读书。再次证明，读书只是媒介，爱读书是爱的副产品。）

逐渐地，孩子已经养成了读书的习惯，从开始是追着我给他讲故事，到后来认识字之后，看我忙着做饭、做家务，他就自己安静地看书。看我有时间了，就过来，让我给他讲故事，要么缠着他给我讲他刚才看的故事。

因为爱读书，生活中的很多道理，他都能明白，也就很少胡搅蛮缠，性格就显得很温和，这点也让我感到很欣慰和放心。

习惯是日积月累的，从小养成爱读书的习惯，上学以后我就不咋担心了，就是长大以后，爱看书也能帮他解决很多问题。我觉得好习惯、好性格比单纯的好成绩要重要得多。

第六节　家长的育儿经二——游戏认字法之二

这位家长是在大学教动画的数媒老师，她的宝宝生于 2017 年 2 月。在沟通中发现，她很有创意，每次发来的家教视频都能给我带来意外惊喜，特别是认字游戏视频，内容丰富，形式多样，个个都是让孩子做主角的精彩小电影。我就专门请她来介绍一下，如何给孩子设计出如此丰富多彩的认字游戏。——罗老师

一、以孩子为中心来设计游戏

字卡游戏实际上是一项重要的亲子活动。只是在玩游戏时，如何巧妙地把认字环节设计进去，让字卡和游戏浑然一体。孩子在玩的过程中就会欣然接受字卡。(用字卡作为游戏的媒介，让字卡变为像真实的玩具一样的游戏角色。这位妈妈的理念抓到了本质！——罗老师注)

设计这种游戏的关键点在于什么时间在孩子面前出现字卡？字卡上出现什么字？字的内容谁规定等，这些都是我们父母必须考虑的，3—6岁的孩子他们具有一定的想象力，他喜欢模仿生活中的情景或家长的活动。我们在设计游戏时，就尊重孩子的想法，让孩子设计游戏规则，成为游戏的主角，让他从头到尾都有一种主宰游戏的感觉。总之，就是游戏的设计以孩子为中心，让孩子有被尊重的感觉，有被爱的感觉。设计完成之后，还要及时鼓励、表扬、称赞孩子的规则和设计。让他自信心爆棚，在接下来的认字环节，一切就变得轻而易举。

每次和宝宝玩游戏，我都让宝宝说玩什么，然后根据他说出来的游戏，我再想方设法把字卡融入游戏当中。例如，有时候宝宝会说玩汽车游戏，有时候会说玩加油站的游戏，有时候又会说玩奥特曼打怪兽的游戏等。无论宝宝说什么游戏，我都是会根据他说出来的游戏情节，去设置对应的字卡。根据罗老师的建议，我会把字卡设计成词组，每个词组最多不超过四五个字。这样便于宝宝记忆。(点赞！给学龄前孩子写字卡的时候，其中一个原则就是不要拆开词组，能把词组拆成单字。要一个词组一张卡，一张卡就是一个独立、明确、孩子能理解的意群。因为孩子的记忆特点是整体记忆的。——罗老师注)下面具体举例说明。

二、写玩具名称认字

家里有很多玩具，有汽车模型，也有很多毛绒玩具。就看宝宝玩的兴趣。这次宝宝说玩汽车游戏，我就和他一起玩汽车模型玩具。他习惯搬出很多汽车模型，然后给汽车排队，起名字，我就会根据宝宝说出来的名字，写出字卡。

例如说这个黄色小汽车叫小黄车，那个是消防车等，他起什么名字，我就在他的关注下写什么，写完递给他时，还要念一遍。如写完"小黄车"，就递给他说："这是小黄车"或者说："给！你的小黄车"等（这就完成了认新字过程。在短短的时间内，经过了两次"看一眼，听一次"，让孩子在不知不觉中对新字进行了强化。——罗老师注）。然后他找到对应的汽车玩具，把字卡放到他的小黄车上（再一次完成"看一眼，听一次"，密集复习一次新字——罗老师注）。以此类推。有时一次要写十几张甚至将近20张字卡。

写完之后，我就趁热打铁，让他紧接着再复习一次。我说一个字卡名称，他就把字卡从模型或玩具上收走，把字卡摆放在地上。（这个过程家长设计得很巧妙，让孩子借助模型，对不熟悉的新字再次完成"看一眼，听一次"，完成一次复习。顺利完成任务，孩子就会特别有成就感。——罗老师注）。

把字卡都在地上排好队之后，我就让孩子给模型车配对或找自己的家。我说一个名称，他就拿到一个模型放在字卡的旁边，让孩子再复习一次。（这就是家长设计的巧妙之处，不露痕迹地让孩子在游戏中，连续复习了两次，这对巩固新字非常有效。——罗老师注）

玩过几次后，看他把所有汽车和字卡都能够对应上了。我就变换一种玩法，玩"挑挑拣拣"的游戏。我会说：我这里发生火灾了，需要消防车去扑火。让宝宝把消防车模型以及"消防车"字卡都开出来，去"火灾"现场"扑火"。这时我也会写"火灾"和"扑火"的字卡。宝宝拿着模型和字卡，假装开着消防车，嘴里学着警笛声，来到放着"火灾"的地方，然后放下消防车，拿起"扑火"字卡，开始一通扑火操作，如此往复。宝宝在和我玩游戏的过程中，非常开心、愉快，也非常轻松、快速地记住了这些字，并且记忆效果非常好。

当然还可以玩救护车出车急救病人的游戏等，方法与此类似，就不再详述。

三、拉货送快递游戏

宝宝是一个想象力很丰富的小家伙，我们俩玩的很多游戏，都有他的创意，有时候，我只是做一些小小的补充，他现在5岁了，已经能设计出比较完整的游戏。

有一天宝宝搬出布鲁克积木箱子，说："妈妈，我们玩积木拉货吧！"我说："好呀！要不要把字卡写出来呢?"宝宝说："好呀，好呀！我喜欢玩字卡游戏！"说着边拍手边跳着。

　　我先问宝宝我们怎么玩呢？宝宝把积木箱子放在地上，拿出一些积木搭建出一座楼房、一座仓库、一座加油站（当然就是随便把几个积木摞起来，孩子说是啥就是啥吧），还拿出了几个汽车玩具，说是送货卡车和快递车。我问："那你是谁呢？"他说："他是快递员。"我说："好的。那我扮演什么？"他说："你是收货的人。"我们将前期的游戏角色和元素设计好之后，开始商量游戏规则。怎么送货？走什么路送货？送到哪里？

　　宝宝说："妈妈，你住在楼房里面，然后我去仓库拉货，拉上货之后，我去加油站加油，然后我开车到你的楼房，按门铃，叫您取快递。"我说："哇！宝宝设计的游戏太好玩了！妈妈太喜欢这个游戏了！那我们现在就把对应的字卡写出来吧！"宝宝说："好！我去找笔和纸，我要自己剪字卡的纸片。"我说："行，你来安排，妈妈等你。"宝宝找出了打印纸、彩笔、剪刀。将纸剪成大小基本等大的方片，然后拿出自己喜欢的颜色彩笔，说："妈妈，您帮我写字卡吧。"我问他："写什么字？"他说："先写仓库。"然后我就写出了"仓库"，以此类推。我们采用相同的办法，写出了邮递车、快递员、拉货车、装货、拉货、加油站、卸货、楼房、门铃、取快递等字卡。放在对应的积木位置，走到游戏的那一步，我就指一下字卡，重复念一遍。宝宝先是拿着自己喜欢的小卡车，说："拉货车来啦。"我就指着拉货车字卡，说："拉货车"，或者有时候会让他把拉货车的字卡贴到卡车上，然后他开车到仓库去上货，我就补充一张"上货"。到达仓库之后，指着"仓库"的字卡念一遍，拉货的过程贴上"拉货"的字卡，到达楼房之后让宝宝指一下"楼房"字卡，让他念出来，然后他就会把后面的流程全部按照我的指引完成。手指压在"门铃"字卡上，就是假装按门铃，他嘴里说着："叮铃叮铃门铃响了，妈妈您的快递到了，快来取快递。"然后我就假装从楼房出来，取快递。让他卸货，给我拿到楼房里面，顺便指出"卸货"的字卡。宝宝玩得很开心，我们就会反复玩。

　　玩多了，这类游戏玩法宝宝就没兴趣了。我们就会把这些字卡收起来，保存在一个文件夹中。每个文件夹都是不同的主题，涉及不同的游戏和词组，分类保存。根据宝宝的习惯，过几天他可能会突然想起来哪天玩的什么游戏，他想再玩玩，他就会自己找到之前写过的字卡，然后我们就会再重复玩一遍，这样既满足了他玩游戏的愿望，又复习了字卡。

　　当然宝宝认识的所有字卡，都需要经常复习，有些类别的字卡，就需要我引导他找出来，再玩一次某个游戏，进行复习。例如我会说："上次咱俩玩的XX游戏真好玩，妈妈还想再玩一次，啥时候咱俩再玩一次。"宝宝属于比较好沟通的孩子，我每次建议说想玩哪个游戏时，他都会很开心地附和我，也许因为最初设计这些游戏的时候，本身都是孩子喜欢的。

四、打疫苗游戏

孩子在成长过程中，打过很多疫苗，特别是最近又接种了新冠疫苗。宝宝每次去接种疫苗，他都会有些害怕，每次我都会耐心地给他讲解打针的过程、感觉，并不断鼓励他，现在他已经变得很勇敢了。

有一天他突然发现我用过的一支精华素管子，特别像打针的针管，宝宝兴奋地给我说："妈妈，我们玩打疫苗的游戏吧!"我说："好呀! 怎么玩呀?"宝宝说："妈妈，你写字卡，我们一起玩。我说好呀!"

接下来我就和宝宝商量如何来设计这个打疫苗的游戏：我问："宝宝，打疫苗都需要什么呢?"宝宝说："需要疫苗本、打针护士、针管、留观室留观30分钟……"我赶紧表扬他，说："对哦，需要这么多啊，你好棒呀! 都记得呢。那你想想是不是还忘了什么? 你看有医生护士了，是不是还缺少了被接种人?"宝宝问："被接种人是谁?"我说："给谁打针谁就是被接种人。"宝宝说："哦，我知道了，我每次去打针我就是被接种人!"我说："对哦! 哇~! 你太棒了，你现在就是被接种人，妈妈当护士好不好?"宝宝立马说："不要! 我要当护士。"于是，宝宝当护士，妈妈当宝宝(被接种人)。

根据商量的情景，我们写出的相关字卡有：护士、叫号、疫苗本、接种、接种人、被接种人、打针、针管、留观室等，然后根据宝宝设定的打针情节进行游戏演练。我们先将写好的字卡很认真地铺在桌子上，然后指着让宝宝把每张字卡用胶带贴到对应的物体上。例如"针管"就贴到针管上，"护士"的标签就贴到宝宝的身上，"接种人"贴到宝宝身上，"被接种人"贴到我身上，打针这个动作在进行的时候让他指出来是哪一张字卡就行了。打针之前，护士要检查疫苗本，找一个小书或者小本子当作疫苗本，将"疫苗本"三个字贴到本子上，检查完之后，开始打针。我全程都非常配合他，例如要假装很疼，不想打针，这时候宝宝会像一个小大人一样，学着之前护士打针的样子开导我说："宝宝勇敢，很坚强，我轻轻地，一下就好了。"这时候我就模仿宝宝打针时害怕的样子，缩起来，说不想打针等。往复几次之后，我这个宝宝终于变得勇敢，在给我打针的时候，我就说："我知道疼一下下就过去了，我很勇敢，我能忍受，我不害怕了。"这时我还故意不失时机地向宝宝邀功请赏，就说："你怎么没说我勇敢呢?"宝宝也学着我们的样子，夸奖我一句："你真是勇敢的宝宝。"哈哈哈。打完之后，如果宝宝记得留观室情节，那就照做好了。如果宝宝忘记了没说，这时候我还要问他说："护士，我需要留观多久呀？"或者问他："护士留观室在哪？"指引着宝宝告诉我"留观室"3个字在哪儿？留观结束之后，记得要感谢护士，还可以往下延伸。比如我会问："护士，我下次要接种新冠疫苗，需要预约吗？提前几天预约？收费吗？要不要排号？"等，这些内容都可以纳入游戏字卡的环节，越真实孩子越喜欢。所有的环节，让孩子参与设计，参与编排。参与感越高，孩子的兴趣和热情也会越高。

这个游戏，我们后来进行了延伸，衍生出很多类似的游戏，比如给小玩偶们排队做核酸检测；给小玩偶们排队打针等。都是按照他的意愿商量好，写好字卡，然后进行字卡辨认游戏，此类游戏孩子乐此不疲。

五、点菜认字和算术

带宝宝去吃过很多不同餐厅的菜肴。宝宝对于点菜环节非常感兴趣，有一次去吃了一盘炒米饭，人家的菜名叫：一起看日出。对此宝宝感到非常惊喜。回来之后对那盘炒米饭念念不忘，后来我在家也给他做过几次。后来，突发奇想，既然他那么喜欢点菜，那我们何不设计一个点菜认字游戏呢？

于是和宝宝商量，咱们玩个去餐厅吃饭的游戏如何？宝宝一听，很兴奋。说："哇塞，有意思！"因为之前从没有玩过这类游戏。宝宝有些迫不及待地说："妈妈，那我去拿纸和笔。"他自然就是当老板，我当顾客。我将宝宝平时爱吃的菜品和主食写到字卡上。与以往字卡有些不同的是，这种字卡每张右侧预留出一点空间，让宝宝写价格。在设计单价的时候，不要过难，要符合孩子计算的范围。当然，不要在意价格合不合理，关键是要在孩子会计算的范围之内。

我们一人扮演一次顾客，一次老板。在家里找一个凳子，一张桌子，假装在餐厅进行点餐。我们写的字卡有：西红柿炒鸡蛋、土豆茄子、糖醋排骨、蛋炒饭、炒细面、韭菜鸡蛋饺子、馄饨、肉夹馍、凉皮等，不管是哪一类，都写他爱吃的食物。顺便再写出筷子、叉子、饭勺、杯子等字卡，然后再商量游戏过程的细节。点餐、算账、给钱，每一个环节都要找到相应的字卡代替实物。如点好菜之后，老板上菜，就是拿着字卡，放到桌子上。饭菜上齐了，还需要计算用餐费用。我们先从10以内的加法算起，然后又扩大到20元以内。所以前期的定价很重要，不能超出这个范围。如果我当老板，宝宝当顾客，算好之后，还要让孩子再核算一遍，看看对不对。我偶尔也扮演一次马虎老板，假装算多了，要多收他的钱，这样就提醒他核算要更仔细一些。

不论是游戏主题的选择，还是决定融入游戏的字卡内容，包括游戏过程中发现漏写的字卡，是否需要补上，都要把握一个原则，即尊重孩子。让孩子成为游戏的主导者或决策者，他始终是游戏的主角，家长只是辅助者和配角。这样孩子的创意就会越来越多，兴趣也越来越浓。

六、"字卡蹲"游戏

这是一个复习字的好方法。给孩子写的字卡多了，总有一些字词不容易记住，我就把宝宝不熟悉的字卡挑出来，单独复习。这些字没有主题，很散乱，很难组成一个有主题的游戏进行复习。有一次我看幼儿园小朋友玩小兔子蹲游戏，就想到借用小兔子蹲游戏规则，来复习这些零散的字词。

在复习这些字词时，先拿出来几张，不能太多，我给他说："我们用这几张玩小兔子蹲游戏，咱俩先读一下，别玩的时候卡壳了。"（这个过程实际上就是让孩子复习一遍。——罗老师注）读一遍之后，就把这些字卡摆成两排，我读靠近他那一排的，他读靠近我这一排的（让孩子摆字卡的过程，又是一次复习，即看一眼，听一次。——罗老师注）。摆字卡的时候，要注意的一点是，字词的正面都朝向孩子。然后开始模拟小兔子蹲游戏规则。

例如孩子先开始跳，他在"水龙头"字卡前边跳边说："水龙头跳，水龙头跳，水龙头跳完，手机壳跳。""手机壳"是妈妈这一排的字卡。妈妈就在"手机壳"字卡前边跳边说："手机壳跳，手机壳跳，手机壳跳完，大黄牛跳。""大黄牛"是孩子那一排的字卡。这个游戏要求每人都要认识所有的字卡，这样当对方说出自己这一排中的一张字卡时，自己要能及时找到。自己在对方说出来的字卡前跳，边跳还要在对方字卡中找一张字卡，读出来，让对方开始跳。就这样一人念一个，轮流进行，宝宝玩得乐此不疲。特别是在疫情严重，不能下楼活动时，这种游戏还能和孩子一起在家锻炼。

七、抢字卡游戏

复习字词卡也可以玩和孩子抢字卡游戏。玩法是把字卡摆在地上，摆成几排，然后一人说一次，看谁先站在这张字卡的跟前。一般孩子说出的时候，他一定能先站在这张字卡前，因为他知道字卡的位置。（这就是让孩子"看一眼、读一次"的复习过程。——罗老师注）我说出的时候，就要假装和孩子争抢一下，这个环节就比较激烈，往往也是让着他，让他赢多输少。（这是让孩子

"看一眼、听一次"的复习过程。——罗老师注）这个游戏也是宝宝特别喜欢的。

总之，在玩耍游戏过程中，既要不断进行新字卡设计，又要对旧的字卡进行不断复习。只有这样才能让孩子逐渐熟识，加深印象，记得更长久。

现在宝宝已经能独立阅读，也养成了爱看书的习惯，只要没事就拿起书自己专心地读。

第七节　家长的育儿经三——游戏认字法之三

我儿子小 nq 是 2019 年 1 月生。在 2021 年 12 月一个偶然的机会，开始跟罗老师学习教宝宝认字。在此次之前，我们用看"图识字书"给 nq 认字，他很不喜欢认字，nq 爸特别有耐心，哄他认字的任务就自然由爸爸完成。教了很长时间，才教会一点，也不知道他是认识字，还是认识图，有视频为证。

这个视频是这样的：当爸爸拿出看图认字的书，指着"金"字的时候，他说"金宝贝"（因为配图是一个黄金色的小卡通人），指"日"，他说："太阳"（配图是太阳），指"土"，说"土包"（配图是小土堆），指"沙"他说："铲"（配图是小沙堆上插着一把小铲子），爸爸矫正说"沙"。指"男"说"哥哥"（配图是一个小男孩），指"老"说"老爷爷"（配图确实是一位白胡子老爷爷）等。我们总觉得他才 3 岁，年龄还小，能看书，说得差不多就行了，也就没有太在意。

后来看到罗老师发的识字视频，我们才感到自己的方法不对头，想用罗老师的方式试试看。因为 nq 一直不喜欢认字，所以我还特意做了一些铺垫和准备工作，吸引他认字。例如我故意问爸爸某个字怎么读，然后假装表现出很惊讶的样子，又很崇拜地问爸爸："为什么你会认得那么多字！"并且在他面前为爸爸点赞等。后来发现，用罗老师的方法后，孩子很喜欢认字游戏，根本不需要像以前那样，逼着或哄着他来认字。

我教宝宝识字，从放弃"看图识字"书籍开始，改为随时写认字卡片，在和孩子一起玩耍的过程中，开始快乐的游戏认字。

一、制作卡片

卡片的质地、大小、内容、文字颜色都需要特别注意！其中卡片的质地、大小主要由家长根据孩子的特点决定，卡片上写的内容以及用什么颜色的笔写由孩子最终决定。我做卡片时用的是硬纸片，便于反复复习，随时抽检，而且小孩子有时候觉得卡片就是玩具，卡片需要质量够好。卡片大小需适宜，孩子便于握住，我买的A4的硬纸进行裁剪。写卡片的笔可以是彩色笔或白板笔，可以让孩子决定写卡片用什么颜色的笔。

要特别注意：字卡的内容是孩子能够理解的或者是经历过的。例如我教孩子"司机"和"驾驶员"两个词，结果孩子很快就认识了"司机"，每次复习也很顺利，但是"驾驶员"总是不认识。后来就理解了罗老师说的，要给孩子教他知道的、熟悉的或者喜欢的内容。因为我们平时经常说"司机"很少说"驾驶员"，孩子熟悉司机，认识"司机"两字就很顺利，很快。

有关孩子经历的内容，主要是我们带他出去玩，一路上的所见所闻或活动内容，只要是孩子喜欢的，都回家写成卡。为了回家不会忘记，我会用手机随时记录下来，常用手机上的录像、拍照，或者备忘录、微信文件传输助手或者给自己发微信等记录，都很方便。

有一次我们玩开碰碰车的时候，我就问他："宝宝，碰碰车，我们写了吗？"他就说："没有。"我就说："那我们要不要写呢？"他就会说："妈妈，我们现在就写。"我说："妈妈现在没有卡片，没有笔，等我们回家写。可是妈妈怕等下回家记不住，我先用手机录下来，等下我们回家一边播放一边写，好吗？"他就说："妈妈，你赶紧录，还有方向盘还没有写，还有左拐，右拐，还有转弯都没写，我们回家一起写！"回家以后我们边看录像边写，他也很开心。他有时候还会主动告诉我，回家了要去写什么卡片，都不是我问的他，类似的场景很多。（建议家长在孩子玩的时候，不要问孩子要不要写什么字之类的，就让孩子好好玩。如果家长觉得孩子很感兴趣，又是新内容，需要学习，自己先记录下来，等回家之后，在写字卡的过程中，再问孩子要不要写这个，要写哪个等。——罗老师注）

二、抢卡片游戏法

"抢卡片"是宝宝特别喜欢的游戏，整个过程我们全家都非常欢乐，孩子更是笑声不断。

罗老师说孩子认字或复习的过程只需要"看一眼、听一次或读一次"。为了吸引孩子多复习，在玩抢字卡的游戏过程，肯定是要让着他，让他多赢少输，但是也不能让他只赢不输，为了增加竞争性带来的紧张感和趣味感，还是需要家长把握输赢的节奏。

在玩的时候，可以全家三口一起玩，也可以是我和孩子两人玩，通常都是我做裁判。我们提前把每张字卡排列好，放在宝宝面前的小桌子上。摆放字卡时，通常都是我和孩子一起摆放，一边摆一边念，这个过程本身就是孩子再次记忆的过程，一般是 5 张一排，摆两三排（认识新字的时候，可以少摆一点，巩固、复习阶段就可以多摆一点）。谁抢到的字卡多，谁赢。

为了增加趣味性，也为了调动孩子的积极性和注意力，我从一开始就营造一种竞赛的气氛，控制着声音，神秘地问："准——备——好——了——吗？"或者很正式地大声问"准备好了吗？"如果是三人玩，他们俩就异口同声地说："好了"，如果是两人玩，孩子也会说："好了。"这时候宝宝的右手一般都已经高高地抬起，跃跃欲试的样子，准备拍我即将说出的字卡。我快速说出一张卡片上的字，孩子就兴奋地、集中精力找到这个字，快速拍上去，抢到手。同时伴随的是孩子激动、开心地咯咯大声笑。我和爸爸都会被宝宝的笑声感染，一家人都哈哈大笑着，玩得非常开心。

如果爸爸抢对了，我会说："宝宝看一下爸爸抢对了没有？"爸爸就把字卡展示给宝宝，让他看一眼，宝宝说："对。"（这位妈妈太机智了！这就让孩子补上了"看一眼"这个复习过程。虽然孩子没有读出来，但是他能判断正误，就说明他已经认识这个卡上的字词，达到复习的目的。——罗老师注）

如果爸爸故意抢错了，宝宝就会发现爸爸的错误，拿回爸爸抢到的字卡，并说："这是什么什么，不是什么什么。"我就会说："宝宝赢了这张卡。"宝宝就会很开心。

如果他很想要某一张卡片，又被爸爸抢走了，我也会让爸爸送给他。如果孩子只想自己全部赢，不遵守游戏规则，我就会告诉他，"如果不遵守规则，爸爸一张都赢不了，爸爸都没有兴趣和宝宝玩了，那怎么办？"然后爸爸赢的时候，他也不生气了，我就在旁边鼓励宝宝，宝宝加油！（在游戏中，让孩子建立规则意识，并遵守规则，这一点也很重要。——罗老师注）。

游戏结束，我们还会增加算数内容。我们就让孩子数一下他一共赢了多少张，爸爸赢了几张，然后让宝宝把他赢的字卡和爸爸赢的一一对应，摆在地上。一边摆，我们一起一边念字卡上的字。（再次让孩子看一眼，听一次或读一次，再次强化一次。很巧妙的方法。——罗老师注）

摆完之后，再数一数，宝宝比爸爸多几张？数数长出来的那几张。加深记忆的同时也进行了数字启蒙！（这也是很巧妙的方法，帮助孩子建立数字和减法的概念。识字过程是一个非常有趣的，持久的过程。家长的功利心不能太强，不要急着测试孩子，见了孩子认过的字就问孩子这是什么字？或者让孩子给其他人表演，这些做法都会伤害孩子认字的积极性和兴趣。我们要将复习、巩固与检测渗透于无形之中，让孩子把认字与快乐的游戏结合起来，与快乐的情绪融合在一起，他就会越来越喜欢认字。——罗老师注)

三、开汽车游戏法

玩开车游戏也是孩子非常喜欢的一种认字方法。因为孩子特别喜欢车，爸爸就教他认识了很多车图标，我们就把这些车的品牌名称写成字卡。在认这些字的时候，我们每写一张字卡，就递给他，例如说："给，这是'标志车'。"孩子就拿着字卡在家里转一圈儿，嘴里嘟嘟滴滴地在家里开一圈车。(这实际上就是认识新字的过程。完成了让孩子"看一眼，听一次"的过程。——罗老师注)字卡写完之后，我们就经常和孩子玩开车游戏，进行复习。

游戏开始还是将这些教过的车名称摆好，然后先商量谁来当司机，让孩子把"司机"找出来，放在这个人的身边。当然都是要让孩子找到，交给大人或者放在自己身边。多数情况下，是爸爸当"司机"，孩子就把这张"司机"字卡递给爸爸。(这就是"看一眼，听一次"的过程，完成一次复习。——罗老师注)然后爸爸说："我想开'吉利车'"，孩子就把"吉利车"卡片递给爸爸。爸爸拿着字卡当方向盘，嘴里发出嘀嘀嘀、嘟嘟嘟的声音，爸爸假装开一会儿汽车，孩子看着爸爸表演，开心地笑着，然后，爸爸接着说："我还想再开一辆'标志车'，你把车从车库给爸爸开出来。"孩子就找出"标致车"字卡，假装开着车从车库出来，递给爸爸。爸爸又拿着字卡，滴滴滴、嘟嘟嘟地开一通。

偶尔孩子说他要当司机，游戏就和孩子轮着玩儿。他想开哪个品牌的车，爸爸就给他递。有时候我和他玩的时候，就假装错拿一张字卡。孩子就说："哎，妈妈你拿错了，你拿的是什么什么(读出字卡上的字)"，然后他自己找出正确的字卡。这时他就更加有成就感，玩得更开心，也更认真了。(这个过程也让我们家长更有兴趣专注地陪伴孩子，而不是敷衍孩子，让孩子能真切地体会家长对他的关注、爱，亲子关系也更亲密了。——罗老师注)

四、跟着导航学认字

我们带着 nq 经常去外婆家，或者去单位接我之类，这都是我们很熟悉的路，但是只要 nq 在车上，他就会要爸爸开导航。虽然我们觉得孩子多事，但还是会开着导航。昨天晚上我和他一起坐车，突然给我说："妈妈，你看湘府路高架。"我当时非常惊讶地问他："你说湘府路高架?"然后他就指着手机导航，说："湘府路高架。"到了含浦路右拐时，他又指着手机导航说："妈妈，你看含浦路就在这里。"手机导航上有"含浦路"几个字。回家之后，我们就把这些路名写成字卡，顺便还写了"右转""左转"这些只听得到声音，导航上没有显示的字。

不仅如此，他还对各种路标上的字，也特别感兴趣，每次遇到都会指着让我们给他说。他从导航和路标认字这两件事，让我感到，孩子认字的内容在生活中真是无处不在的。(孩子有兴趣了，就会随时学习。处处留心皆学问，孩子并不认为学习是负担。——罗老师注)

我觉得教孩子认字真是要找对方法，方法对了，孩子就会特别喜欢、有兴趣，接受得也快。虽然说兴趣是最好的老师，怎么把孩子的兴趣和认字融合在一起，让孩子在游戏中轻松、快乐地学习，这个方法应该是老师(家长)的老师。方法对头了，就会让孩子产生更浓厚的兴趣。以前 nq 很排斥认字，没有一点兴趣，现在孩子对认字这么感兴趣，真的是用对了方法。

现在我家小 nq 非常喜欢认字，也非常喜欢听故事、自己看故事书，喜欢一起读诗词、背诗词等，真的非常感谢罗老师教给我们的方法。如果你还在孩子认字路上彷徨，请不妨试试罗老师教的这个方法，一定会有意外的惊喜，届时作为家长的你一定每天都期待能与孩子一起认字！在欢声笑语中不仅让孩子得到知识，而且让作为父母的你减少因教育孩子带来的焦虑，罗老师的方法真的实现了双赢，赶紧试试吧！

致　　谢

这本书能够面世，首先要感谢家长们。是他们给我提供了丰富的案例，让书籍中的理论得到实践的验证。参加"罗亚萍家长小课堂"课程的家长，经常给我反馈孩子们的点滴进步、快乐表现等。面对孩子们出现的棘手问题，家长们也会第一时间来咨询，寻求解决方案，并将方案的实践效果及时回复给我。这就为本书提供了真实详尽的案例，也为本书提供了丰富的写作素材。因此，首先应该感谢这些有爱心、有责任心的家长。

我还要感谢永红社区的康慧芳主任。她在任时，曾邀请我讲授"系列"家庭教育课程，督促我将早期家庭教育课程系列化。她的善举不仅让家长和孩子受益，也成为书写本书的起点。

我还要感谢我的家人，他们的鼎力支持是我坚持的动力源泉。在家长听课前后出生的孩子，有的已经上小学，他们在学龄前的开心成长过程、上学后的轻松表现、全面发展，都是对我最大的鼓励和无与伦比的回报。

我还要特别感谢中华女子学院的孙晓梅教授，在她的鼓励和支持下，才让这本书得以出版，以期让更多的家长和孩子们受益。

我还要感谢武汉大学出版社的田红恩编辑，他在书籍出版过程中提出了很多好建议，这些建议让本书内容更接近读者需求，满足读者需要。

我还要特别感谢关心本书出版的朋友和同学，他们在书籍出版过程中，都提出了很多宝贵的建议，甚至帮助修改初稿等。

我还要感谢一直支持小课堂的志愿者，他们分别是志英、雨寒、晓月、valerie、似水流年、禹慧、九思、文华、Tracy-CN、徐艺源、璧竹，等等，他们坚持做着公益服务，帮助维护授课秩序以及编辑公众号等，他们的支持也是我坚持授课答疑的动力所在，也是本书得以出版的强劲支持。

罗亚萍

2023 年 11 月 12 日